LE COURAGE GUIDAIT LEURS PAS

Du même auteur

La Laïcité en face, entretiens avec Virginie Malabard, Desclée de Brouwer, 2005.

Les Habits neufs de la gauche, Robert Laffont, 2006.

Pour en finir avec le vieux socialisme... et être enfin de gauche, entretiens avec Claude Askolovitch, Robert Laffont, 2008.

Pouvoir, Stock, 2010.

Sécurité. La gauche peut tout changer, éditions du Moment, 2011.

L'Énergie du changement, Le Cherche-Midi, 2011.

L'Exigence, Grasset, coll. « Documents français », 2016.

Pas une goutte de sang français, Grasset, 2021.

Zemmour l'antirépublicain, L'Observatoire, 2022.

MANUEL VALLS

LE COURAGE GUIDAIT LEURS PAS

12 destins face à l'Histoire

TALLANDIER

48, rue du Faubourg-Montmartre – 75009 Paris
www.tallandier.com

Pour Susana

« Le courage est la première des qualités humaines, parce qu'elle est celle qui garantit toutes les autres. »

Winston Churchill

« Tuer un homme ce n'est pas défendre une doctrine, c'est tuer un homme. »

Sébastien Castellion

« J'ai fait ce que font les hommes quand les mots leur manquent. »

Willy Brandt

Introduction

Le courage individuel est une vertu très mystérieuse. Il se révèle parfois au cours de circonstances exceptionnelles, chez une personne dont rien n'avait encore laissé présager la dimension héroïque, et dont soudain l'envergure change. Encore plus mystérieux m'apparaît le courage collectif, cette étincelle fragile, fugace, qui électrise quelques individus et se transmet parfois à un peuple tout entier.

C'est dans les épreuves et les cahots de l'Histoire qu'interviennent les grands personnages. Ils savent, par leurs mots, par leurs actes, par leurs gestes, insuffler leur énergie à toute une nation.

C'est Clemenceau, le vieil indomptable, qui renverse en 1918 le cours de la guerre. C'est Churchill en 1940. Tout à coup, ce rebelle, cet excentrique dont la Chambre des communes admire les bons mots sans le prendre tout à fait au sérieux, va trouver les phrases réveillant chez les Britanniques le sentiment de leur grandeur. Jamais ils n'auront été plus admirables, seuls face à Hitler, seuls sous le déluge du Blitz, que guidés par cet homme têtu qui les assure qu'ils vivent « leur plus belle heure ».

C'est aussi Charles de Gaulle et son discours du 18 juin 1940. Il me semble éclairant de relier et de comparer le discours de Churchill de mai 1940, celui du « sang, de la peine, des larmes et de la sueur » et l'appel du 18 juin, très peu entendu le jour même mais qui fonde la France libre et résistante. Comment deux personnages de cette envergure entretiennent-ils la flamme du courage à un mois d'intervalle ? Quels mots utilisent-ils pour parler à leurs concitoyens dans des circonstances aussi dramatiques ? Bien sûr, la rhétorique est présente. Elle est pleinement utilisée par deux hommes d'État qui étaient aussi des hommes de mots. La rhétorique est là, mais pas la manipulation. Ni de Gaulle, ni Churchill ne flattent leur auditoire. Leurs deux discours incitent à regarder la vérité en face. Ils dessinent un chemin d'espoir sans dissimuler la difficulté de la tâche. Ils restent fidèles à leurs valeurs. Ce sont deux grands discours démocratiques.

De Gaulle, Churchill, Clemenceau illustrent cette vertu du courage. Jean-Marie Tjibaou, le Kanak, aussi. Sa poignée de mains avec son adversaire caldoche Jacques Lafleur, sous le regard bienveillant de Michel Rocard, fait encore aujourd'hui de la Nouvelle-Calédonie, ce territoire si lointain, un exemple possible de réconciliation alors qu'il était au bord de la guerre civile. Elle lui coûtera pourtant la vie un an après.

Parfois, un geste sobre et silencieux suffit ; il frappe et entraîne les consciences. Un simple geste, comme celui de Willy Brandt, le chancelier allemand, s'agenouillant le 7 décembre 1970 devant le Monument aux héros du ghetto de Varsovie. Il en donnera lui-même la définition, non sans humilité : « J'ai fait ce que font les hommes quand les mots leur manquent. » L'émotion me saisit encore en regardant l'image de ce geste qui marquera l'Histoire.

Ces grandes figures nous incitent à rejeter la tentation de la mollesse et de la résignation. Dans ces temps incertains où le désenchantement ronge comme une eau-forte les certitudes les plus établies, elles constituent des inspirations lumineuses, plus nécessaires que jamais. Pas de courage sans vertu. C'est le fil directeur de ce livre.

Winston Churchill, dans son livre *Mes grands contemporains*, souligne que le courage est « la première des qualités humaines, parce que c'est celle qui garantit toutes les autres[1] ». Mais il ne saurait se confondre avec l'aveugle témérité des têtes brûlées. Pour la philosophe Cynthia Fleury[2], le vrai courage ne passe pas par l'ignorance de la peur, mais par sa connaissance : « Entre le courage et la peur, il y a un rendez-vous secret », écrit-elle. Celui qui perçoit tous les risques d'une situation dangereuse, qui ressent dans tout son être la morsure de l'angoisse, et qui malgré cela choisit d'agir : celui-là seul est véritablement courageux.

Le courage ainsi défini est une pierre de touche. On peut travestir, déformer, gauchir des faits et des propos ; on ne fera pas passer un lâche pour un courageux, ni un courageux pour un lâche. Le courage s'élève au-dessus de tous les clivages. Il n'est ni de droite, ni de gauche. Il n'est pas plus l'apanage des hommes que celui des femmes. Vertu fondatrice, il reste la plus précieuse des boussoles.

Le courage de ne pas rompre devant la force est admirable ; celui de ne pas hurler avec les loups l'est tout autant. Car on exige parfois des intellectuels, au nom des circonstances, le grossissement des traits, la caricature des adversaires, et le remplacement de la pensée par les slogans. Le « courage de la nuance », pour reprendre le titre du livre de Jean Birnbaum[3], suppose une grande fermeté d'âme.

J'aime ainsi dans certaines des biographies de Zweig – Érasme, Castellion, Cicéron – son hymne en forme d'autoportrait aux vaincus de l'Histoire, ces « impuissants défenseurs de l'humanité » qui opposent leur supériorité morale à la force des armes et de la violence et au fanatisme. Ils ne sont pas si différents du philosophe espagnol Miguel de Unamuno qui, dans l'enceinte de l'université de Salamanque, en octobre 1936, jette ces mots désespérés à la figure d'une assemblée franquiste : « Vous gagnerez parce que vous avez plus de force bestiale qu'il n'en faut. Mais vous ne convaincrez pas. Car pour convaincre, il vous faudrait ce qu'il vous manque : la raison et le droit dans votre combat [...]. »

Comment ne pas évoquer alors Albert Camus ? Sa volonté de conserver mesure et équilibre en pleine guerre d'Algérie, au moment où les passions atteignent leur point d'incandescence, est admirable. Il tente d'inventer un chemin se gardant des excès des uns et des autres, en dénonçant la violence aveugle dans les deux camps. Le terrorisme, dont il verra les premières manifestations à Alger à partir de 1957, ne cesse de hanter ses écrits, que ce soit au théâtre, dans ses essais ou dans ses articles pour les journaux. L'acuité de ses réflexions nous touche encore profondément aujourd'hui. Il a définitivement raison dans sa querelle avec Sartre à propos des crimes du communisme, de la terreur et de la violence révolutionnaire. Tout est dit dans *Les Justes* (1949) et dans cet échange entre deux terroristes révolutionnaires russes, Kaliayev et Stepan, à propos d'un attentat qui pourrait tuer des innocents, en l'occurrence des enfants.

Kaliayev : « Tuer des enfants est contraire à l'honneur. Et si un jour, moi vivant, la révolution devait se séparer de l'honneur, je m'en détournerais.

Stepan : L'honneur est un luxe réservé à ceux qui ont des calèches.

Kaliayev : Non, il est la dernière richesse du pauvre [...]. »

J'ai toujours eu le goût de l'histoire. Au-delà de mes études à la Sorbonne et de mon amour pour les livres, elle m'a construit intellectuellement. De mon intérêt pour la guerre d'Espagne à travers mes lectures – Hugh Thomas, Paul Preston, Bartolomé Bennassar, George Orwell, Ernest Hemingway, André Malraux... – et mes conversations avec mon père, j'ai retiré très tôt une certaine idée de la morale en politique et un vaccin définitif contre les manichéismes et les pensées totalitaires.

L'histoire de France et en France, peut-être plus qu'ailleurs, est au cœur de notre identité nationale et provoque des débats passionnés et passionnants : roman national, repentance, mémoires minoritaires et lois mémorielles, Nation, République, laïcité, patrie, être français... sont les mots et les concepts de ces débats tumultueux. Je crois que la repentance à répétition aboutit à l'effacement de notre histoire nationale et que la seule défense du roman national l'enferme dans un carcan suranné. Au cours des dernières décennies, les grands récits qui fournissaient une forme de transcendance et surtout un sentiment d'appartenance à des millions de Français se sont effondrés, qu'il s'agisse du catholicisme, du communisme ou du patriotisme, propagé par les instituteurs, ces hussards noirs de la IIIe République, puis revivifié par la geste gaullienne. Il serait cependant dangereux d'abandonner le sillon du récit national. Il faut entretenir un lien permanent avec son passé, le temps et l'histoire.

À mes yeux, pourtant, l'histoire n'est pas tout. J'emprunte à Camus les mots suivants : « On ne vit pas que de luttes et de haine. On ne meurt pas toujours les armes à la main. Il y a l'histoire et il y a autre chose, le simple bonheur, la passion des êtres, la beauté naturelle[4]. »

Mais j'ai toujours eu la passion des hommes illustres, sans doute avec l'idée un jour de les imiter, rêve fou d'un adolescent qui s'évadait à travers la découverte de leurs grandes épopées. Celles d'Alexandre le Grand, de Jules César, de Jeanne d'Arc, des conquistadors espagnols Hernán Cortés ou Francisco Pizarro, de Napoléon Bonaparte : « Le départ d'Égypte de Napoléon était une de ces témérités par lesquelles les grands ambitieux tentent le ciel, et auxquelles ils doivent ensuite cette confiance immense qui à son tour les élève ou les précipite », écrit Thiers dans son *Histoire de la Révolution française*.

J'aime donc respirer le souffle des héros et des destins hors norme. Face à eux, l'humilité est de mise. On se sent minuscule, négligeable, presque dérisoire. Mais je comprends davantage aujourd'hui leurs contradictions, leurs échecs, leurs doutes et tout simplement leur humanité. Je cherche aussi dans leurs parcours les principes, la morale, la grandeur. D'où ma fascination pour Charles Quint, qui règne sur un empire où le soleil ne se couche pas ; il décide de se retirer, las du poids du pouvoir, sentant la mort proche, en Estrémadure, dans le sud de l'Espagne, au monastère de Yuste que j'ai si souvent visité.

*

Pour illustrer cette vertu de courage, j'ai choisi douze personnalités dont la plupart figurent dans mon panthéon personnel depuis longtemps, comme Clemenceau, de Gaulle ou Camus. Souvent seuls, voire isolés, ils ne se sont jamais trompés sur l'essentiel, refusant de se laisser enfermer dans des dogmes, la liberté étant leur guide.

J'ai dû faire des choix et laisser de côté d'autres figures que j'admire : Simone Veil, rescapée d'Auschwitz, qui affronte la haine en défendant en 1975 la loi sur l'IVG, et Geneviève de Gaulle-Anthonioz, déportée à Ravensbrück et résistante dès le 17 juin 1940, après avoir écouté le discours de soumission à l'ennemi de Pétain, militante de la lutte contre la pauvreté à la tête d'ATD Quart Monde. Pour la nièce du général de Gaulle, le choix de l'engagement dans la Résistance se fait seul, en conscience face à l'intolérable et à l'inacceptable, comme un écho aux mots de Georges Bernanos : « l'honneur est un instinct comme l'amour ». Aléxandros Panagoúlis, jeune poète au destin tragique, héros et symbole de la résistance à la dictature des colonels grecs, arrêté et torturé, qui ne livrera jamais ses camarades ; Claude Érignac, seul préfet assassiné depuis la Libération, qui incarnait en Corse la force et la bienveillance de l'État ; le Premier ministre israélien Yitzhak Rabin qui, comme Sadate ou Tjibaou, fut tué par l'un des siens pour avoir fait la paix et les concessions qui l'accompagnent ; Nelson Mandela, emprisonné pendant vingt-sept années et qui refusa d'être libéré pour rester cohérent avec ses convictions, symbole de la lutte pacifique contre l'apartheid mais aussi, comme président de la réconciliation entre tous les Sud-Africains, entre les Noirs et les Blancs ; Anna Politkovskaïa, journaliste, célèbre pour ses enquêtes sur les exactions russes en Tchétchénie, assassinée parce qu'opposante à Vladimir Poutine ; l'écrivain et dissident chinois Liu Xiaobo, détenu après les événements de Tian'anmen, prix Nobel de la paix en 2010, condamné à de nombreuses reprises et qui meurt en prison en 2017 sans jamais renoncer à « subvertir le système du mensonge par la vérité » ; le gendarme Arnaud Beltrame, qui prit volontairement la place d'un otage au risque de sa vie, ou le professeur de collège Samuel Paty, qui enseignait librement la laïcité... Ils sont si nombreux, connus ou anonymes.

Dans ce panthéon personnel où figurent aussi Jean Moulin, André Malraux ou Louise Michel, j'ai ajouté Winston Churchill, Willy Brandt, Ossip et Nadejda Mandelstam. Je veux défendre à travers eux notre histoire, notre culture et notre civilisation européennes. Kundera ne disait pas autre chose dans « Un Occident kidnappé, ou la tragédie de l'Europe centrale », publié dans la revue *Le Débat* en 1983[5]. Il rappelle, dans ce texte brûlant d'actualité, que la culture et l'histoire forment un héritage, une identité et des valeurs vivantes qui fondent les peuples et la conscience que les nations européennes se savent périssables. Nous ne pouvons pas oublier ce que nous sommes : une terre de valeurs universelles, celles des Lumières ; une terre dont les racines chrétiennes sont profondes et dont le destin est lié aussi au judaïsme ; une terre d'accueil à d'autres confessions, dont l'islam. L'oublier, c'est courir le risque de disparaître, et je partage la réflexion d'Alain Finkielkraut : « Le mot “identité” qu'on me reproche beaucoup […], je ne suis pas allé le chercher dans la littérature d'extrême droite ! Je l'ai trouvé chez Kundera, qui montrait qu'en Hongrie en 1956, mais aussi à Prague en 1968, puis en Pologne en 1981, les révoltés défendaient indissolublement leur appartenance nationale et leur appartenance européenne. » Des nations et des frontières, une culture et une histoire, une identité fondent, j'en suis convaincu, une civilisation européenne.

J'ai tenu à faire figurer le manifeste des 343, cette fameuse pétition publiée dans *Le Nouvel Observateur* en 1971, pour montrer la force irrésistible du collectif, de ces femmes, célèbres ou anonymes, rassemblées pour la même cause, le droit à l'avortement, le contrôle de la procréation et de leurs corps. Unies dans la lutte, elles vont montrer qu'il est possible de faire évoluer une société française figée dans ses pesanteurs et dans ses archaïsmes. En Iran, les femmes mobilisées - et mobilisant à leur tour les hommes - contre la tyrannie islamiste nous en donnent la preuve.

Il se trouve aussi des penseurs et des écrivains refusant de plier. C'est le cas d'Ossip Mandelstam, le poète russe, auteur d'une épigramme contre Staline, acte totalement désespéré par lequel il refuse de renier son œuvre car elle est toute sa vie. Il sait signer sa condamnation à mort. Ses armes, si faibles, si dérisoires face au « montagnard du Kremlin, le bourreau et l'assassin de moujiks », inspirent l'admiration, tout comme le soutien de sa femme Nadejda.

J'ai souhaité mettre Charb en tête de ces figures courageuses. D'abord, parce que la tuerie qui décima *Charlie Hebdo* en janvier 2015 me semble en Europe l'événement majeur de ce début du XXIe siècle, qui s'est ouvert avec les attentats du 11 septembre 2001. Elle signe la violence et la barbarie de l'époque. Jamais nous n'aurions pensé que dans notre pays, asile de tant d'intellectuels et d'artistes persécutés à travers le monde, la liberté d'expression serait agressée avec tant de sauvagerie. Une nouvelle ère s'ouvre. Nous savons à présent qu'elle sera impitoyable. Le meurtre effroyable de Samuel Paty en fut une autre étape. La tentative d'assassinat, au cœur du dernier été, de Salman Rushdie, dont le courage guide lui aussi nos pas, nous le rappelle.

Charb fut l'une des victimes les plus emblématiques de cette barbarie. Il n'était pas seulement un dessinateur satirique et le directeur de *Charlie Hebdo*, se sachant menacé de mort et défendant la liberté d'expression jusqu'au bout. Il était un militant de gauche, antiraciste infatigable, l'avocat d'une France ouverte, et il était aussi lucide sur la montée et les dangers de l'islamisme. Sa *Lettre aux escrocs de l'islamophobie qui font le jeu des racistes*[6], publiée après sa mort, en est la démonstration étincelante.

Volontairement, dans les chapitres de cet ouvrage, j'ai placé la figure de Castellion, un théologien protestant du XVIe siècle, juste après celle de Charb. Sébastien Castellion se détache comme la figure lumineuse de l'humanisme, auteur d'une phrase qui quintessencie ce que la civilisation occidentale a produit de meilleur : « Tuer un homme ce n'est pas défendre une doctrine, c'est tuer un homme. Quand les Genevois ont fait périr Servet, ils ne défendaient pas une doctrine, ils tuaient un être humain. » Je regrette que cette déclaration, écrite après le supplice de Michel Servet, brûlé à Genève en 1553 pour avoir osé défier Calvin, ne figure pas dans tous nos livres d'histoire. On peut tracer un pont entre deux époques et deux personnalités si dissemblables, Charb et Castellion : celui du caractère inaliénable de la liberté de conscience et de la liberté d'expression. Ce combat séculaire a été mené génération après génération avant d'arriver jusqu'à nous sans que nous mesurions toujours le prix de ce qui nous était transmis. C'est notre tour à présent de nous montrer à la hauteur de cet héritage.

L'Espagne si présente dans ma vie m'aurait conduit, si j'avais eu la place, à évoquer plus longuement les hommes de la transition démocratique. Ils avaient compris, après la mort de Franco, qu'il fallait dépasser la tragédie et cautériser les plaies de la guerre civile, parfois au détriment de la mémoire, pour réconcilier les Espagnols avec eux-mêmes. L'écrivain Javier Cercas leur rend le plus bel hommage qui soit dans *Anatomie d'un instant*[7] en nous plongeant dans la journée du 23 février 1981 à Madrid. Personne n'a oublié les images d'un hémicycle pris d'assaut par des putschistes gardes civils. Trois hommes, l'ex-phalangiste et jeune président du gouvernement, Adolfo Suárez, dynamiteur du régime franquiste, son vice-président le général Manuel Gutiérrez Mellado et le dirigeant communiste Santiago Carrillo sont sous les balles. Dans le tumulte des vociférations, ils sont les seuls à rester debout, alors que tous les autres parlementaires se réfugient sous leur siège. Par le passé, ces trois hommes se sont opposés férocement, mais tous ensemble, ils incarnent à cet instant le courage physique et politique qui permettra la consolidation de la jeune démocratie espagnole sous l'autorité du roi Juan Carlos.

Le système démocratique assèche-t-il la capacité à faire émerger de grandes figures hors normes, courageuses, hardies ? Sur cette vieille question, déjà soulevée par Tocqueville, l'historien britannique Ian Kershaw apporte un éclairage utile dans *Personality and Power. Builders and Destroyers of Modern Europe*[8]. Il s'attache à montrer l'importance du rôle que l'on peut attribuer dans l'Histoire à de puissantes personnalités, à des hommes et des femmes, qu'ils soient criminels, dictateurs, démocrates ou héros. Kershaw nous donne des portraits saisissants de douze dirigeants européens : Lénine, Mussolini, Hitler, Staline, Churchill, de Gaulle, Adenauer, Franco, Tito, Gorbatchev, Thatcher et Kohl. Dans des circonstances uniques mais différentes, souvent dramatiques, ces personnalités forgent l'histoire du XXe siècle. Elles en changent le cours. Parmi les douze, je détache la haute stature, plus contemporaine, de Helmut Kohl. Il reste dans l'Histoire comme le « chancelier de l'unité », celui qui a permis la réunification de l'Allemagne. Évidemment, sans les réformes et le courage de Mikhaïl Gorbatchev ou sans le soutien du président américain George Bush, rien n'aurait été possible. Mais l'effondrement du bloc soviétique et la chute du mur de Berlin en 1989 n'étaient pas prévisibles et surprirent nombre de dirigeants. Kohl, lui, s'adapte très vite et réalise l'unification allemande en onze mois grâce à son sens politique, ses intuitions, ses formules – « mon objectif continue d'être, si le moment historique le permet, l'unité de la nation allemande[9] » –, son charisme personnel. Il est faiseur d'histoire car il comprend le moment historique, ce qui se passe en profondeur dans les deux Allemagnes, l'aspiration à l'unité, et rien ne dit qu'un autre aurait été capable d'agir aussi vite. Fort de ce capital, il pourra imposer des changements fondamentaux en Allemagne et en Europe – notamment la monnaie unique, l'euro –, cette fois-ci aux côtés de son ami François Mitterrand.

Pour expliquer le surgissement de ces leaders hors norme, Ian Kershaw rappelle que les systèmes démocratiques imposent des règles institutionnelles et temporelles qui limitent heureusement la capacité des hommes de pouvoir. Il insiste donc sur un contexte difficile ou un traumatisme – une guerre, une révolution, un choc politique, une crise économique ou sociale.

Je vois un lien direct avec le monde actuel et des dirigeants tels que Xi Jinping, Erdoğan ou Poutine qui cherchent à imposer leur puissance nationaliste, leur mode de domination et d'action. Ils considèrent que la force prime sur le droit, que notre temps exige des hommes forts et messianiques. Ils sont porteurs d'un modèle autoritaire qui se veut efficace aux yeux des peuples. Ils n'hésitent pas à utiliser la violence comme instrument interne pour gouverner et externe contre la démocratie libérale et représentative qui serait à leurs yeux faible moralement, minée par des fractures internes et déclinante. Ils y trouvent même des alliés, les nostalgiques des pouvoirs forts ou des grands empires et les opportunistes qui veulent profiter de la « fatigue démocratique » qui mine nos sociétés.

L'affrontement est inévitable. Il a déjà lieu sur le sol européen avec la guerre en Ukraine. Les écrits annoncent les drames. Les occidentaux ont trop souvent oublié cette leçon. Plusieurs mois avant de passer à l'action, avec la sauvagerie que l'on sait, Vladimir Poutine convoquait l'histoire dans un long texte intitulé « Sur l'unité historique des Russes et des Ukrainiens » qui ne formeraient qu'« un seul peuple ». Il faut lire attentivement les dictateurs qui réinventent l'Histoire au service de leurs projets hégémoniques. Face à l'offensive de ces nouveaux autocrates, les dirigeants de nos démocraties doivent rester fermes sur notre modèle de civilisation, les valeurs humanistes, la défense du droit comme régulateur des conflits, la séparation des pouvoirs, le respect de l'altérité. Mais ils doivent aussi réarmer nos vieux pays européens sur le plan militaire et moral. Ils ne peuvent pas avoir peur du retour de l'Histoire et de sa part tragique. L'Ukrainien Volodymyr Zelensky incarne aujourd'hui ce nécessaire sursaut.

Dans ce contexte, la même question revient : dans quelle mesure un dirigeant peut-il modifier le sens de l'Histoire ? Ou en est-il prisonnier, et l'instrument de ses tendances lourdes ? Historiens, philosophes ou romanciers cherchent à résoudre cette question. Léon Tolstoï, dans *Guerre et paix*, consacre de longs passages sur le rôle de la volonté individuelle dans le déroulement des événements historiques. Hannah Arendt considère que l'Histoire n'est jamais l'ouvrage d'un seul, car ce n'est pas l'homme au singulier qui vit sur la Terre, ce sont les hommes dans leur multiplicité débordante. L'école des Annales, l'influence des sciences sociales, la fin des idéologies, le marxisme puis son effondrement, l'essor des grandes biographies ont apporté leurs réponses contradictoires à ces questions, mais je crois fondamentalement dans le rôle des hommes, dans leur capacité à définir et maîtriser leur destin.

Napoléon et de Gaulle, réunis magistralement par Patrice Gueniffey[10], n'ont-ils pas déplacé des montagnes, l'un à Austerlitz, l'autre depuis Londres, et construit la France moderne souvent contre les tendances lourdes ou les événements du moment ?

André Maurois – dont j'ai lu et relu les biographies de Disraeli ou de Chateaubriand[11] – croyait « qu'un être humain, un événement humain, sont des amalgames plus complexes qu'on ne l'avait cru jusqu'alors », plus « qu'une statue de pierre ». C'est vrai aussi pour les biographies des grands historiens. Je ne cache pas mon plaisir quand je me souviens, encore lycéen, grâce au livre de Paul Murray Kendall, avoir découvert un autre Louis XI, insaisissable, dissimulateur, modernisateur et unificateur du royaume, toujours en mouvement, mais très loin de la légende noire imposée par Walter Scott dans *Quentin Durward*. Plus tard, grâce à Jacques

Le Goff, j'ai approché un nouveau Saint Louis. Après l'histoire des sociétés et des mentalités, Jacques Le Goff souhaitait désormais redonner ses lettres de noblesse à la biographie ; il décrit, dans un ouvrage imposant fruit d'une longue quête, les différentes phases de la vie de Louis IX mais aussi les relations qu'il entretenait avec la religion, la guerre, le temps, l'architecture, l'image, le livre et la vie intellectuelle. On est loin des images d'Épinal, enseignées à l'école de la République encore sous l'influence de Michelet et de Lavisse, les grands prêtres de notre « roman national ». Jacques Le Goff aborde le mystère du roi sacré comme un héros de fiction où s'impose le rôle de la conscience dans l'œuvre royale, qui avait provoqué en moi un véritable choc quand je l'avais lu il y a plus de vingt-cinq ans.

Ce même choc, d'une autre nature, plus politique, je le ressens en lisant *Penser la Révolution française*. Je sais ce que je dois à François Furet, ce penseur qui va à contre-courant de la pensée dominante. Il bouleverse le rapport à l'histoire, notamment à gauche, à travers sa nouvelle lecture de 1789, moment-clé de la démocratie moderne, mais aussi de la période de la Terreur, intimement liée à l'idéologie révolutionnaire. Sa rupture avec l'historiographie marxiste, son éclairage des phénomènes totalitaires, le lien qu'il fait entre le jacobinisme et les bolcheviques de 1917, sa critique radicale de l'illusion communiste sont essentiels dans ma construction politique et intellectuelle. Comme Hannah Arendt, Raymond Aron ou Jorge Semprún, il se livre à une analyse comparative du communisme et du fascisme, du goulag et d'Auschwitz : « Bolchevisme et fascisme entrent presque ensemble sur le théâtre de l'Histoire. Comment ces idéologies ont-elles pu mobiliser tant d'espoirs ou tant de passions chez les individus ? » Cette question reste toujours d'actualité dans un monde où la démocratie est de nouveau attaquée par des thèses révisionnistes, négationnistes, conspirationnistes, très éloignées des valeurs universelles qui semblaient s'imposer après les guerres et les horreurs du XXe siècle, mais aussi par des discours qui alimentent la division, la violence, la fureur et le bruit. J'en ai tiré une vraie détestation de la pensée totalisante et de l'absolu, de toute prétention, celle de « la table rase », à effacer le passé pour bâtir « un avenir radieux ». Je suis un républicain de gauche qui ne se reconnaît que dans les valeurs démocratiques et libérales, les libertés individuelles, la primauté du droit, la séparation des pouvoirs, la laïcité, l'autorité et la sécurité. Elles sont inséparables de l'économie de marché, d'un État fort, de l'égalité des chances et de la justice sociale. Je crois dans la modernité et le progrès. Les enjeux économiques, scientifiques, démocratiques ou éthiques posés par la génomique, la transformation digitale, l'intelligence artificielle ou le monde virtuel du métavers me passionnent. Ils sont capables de modifier en profondeur nos sociétés mais aussi l'homme, pour le meilleur ou pour le pire. Je partage l'angoisse qui saisit les nouvelles générations à propos du réchauffement climatique ou des risques d'une confrontation nucléaire : la planète et l'espèce humaine sont menacées. Ces progrès, ces défis et ces peurs déterminent désormais le cours de l'Histoire. Mais n'oublions pas de respecter l'héritage de ceux qui nous ont précédés et qui doivent nous guider.

Charb, Sébastien Castellion, Georges Clemenceau, Louise Michel, Nadejda et Ossip Mandelstam, André Malraux, de Gaulle et Churchill, Albert Camus, les 343, Willy Brandt, Jean-Marie Tjibaou, Jean Moulin. Autant de destins, autant de parcours, autant d'engagements dont il faut se souvenir. À quoi pourraient nous servir ces exemples puisés dans notre histoire ? Il ne s'agit pas de les imiter parce qu'ils sont hors du commun, ni même de prétendre se hisser à leur niveau. Il s'agit d'entendre leur message de grandeur. Il existe, au-delà de nos intérêts matériels et de nos querelles quotidiennes, des valeurs et des principes qui nous dépassent et nous rassemblent. Leur défense suppose des âmes bien trempées.

I

Les mots de Charb

L'événement est gravé dans la mémoire collective. Le 7 janvier 2015, vers 11 h 30, deux hommes cagoulés et armés pénètrent au 10 rue Nicolas-Appert, siège de la rédaction de *Charlie Hebdo*. Ils tuent onze personnes dont c'est un devoir de rappeler les noms : Frédéric Boisseau, responsable de maintenance, le premier frappé ; Michel Renaud, fondateur du festival Rendez-vous du carnet de voyage à Clermont-Ferrand ; Franck Brinsolaro, chargé de la protection de Charb ; Elsa Cayat, psychiatre ; Mustapha Ourrad, correcteur, qui venait d'obtenir la nationalité française ; et les dessinateurs Bernard Verlhac (dit Tignous), Georges Wolinski, Philippe Honoré, Jean Cabut (dit Cabu) et Stéphane Charbonnier (dit Charb). Plus tard, ils feront leur onzième victime, le policier Ahmed Merabet qui tentait d'arrêter leur cavale sanglante. Un massacre ? L'expression m'a toujours semblé inappropriée. Non :

un crime politique. Ce sont des intelligences qu'on a assassinées pour les faire taire.

On connaît des tragédies dont le temps amortit l'impact. Avec celle-ci, c'est presque le contraire. Huit ans plus tard, me replongeant dans ces événements, c'est le même saisissement, la même stupeur. D'abord parce que, comme beaucoup de Français, je ressentais une impression de proximité avec les victimes. Leurs visages, par le truchement de la télévision, étaient devenus familiers à beaucoup d'entre nous. Celui de Cabu, par exemple. Il suffisait de le voir pour être sûr qu'il était le plus doux et le plus pacifique des hommes.

Je n'étais pas un lecteur régulier de *Charlie Hebdo*, que j'ai longtemps acheté pour les éditos de Philippe Val et les articles de Caroline Fourest, mais je connaissais le travail et le style de chacun : la sensualité tout en rondeur de Wolinski, la virtuose précision de Cabu, la rigueur d'Honoré, dont le trait était semblable à de la gravure sur bois, le débraillé fraternel de Tignous, ses essaims de mouches autour des méchants, la frontalité de Charb dans ses dessins au feutre rond, avec cette élégance de vous laisser croire (et bien sûr, c'était faux) que vous auriez pu faire ces croquis à sa place.

On connaissait leurs visages, leurs dessins. On connaissait leurs traits. Et cette familiarité est percutée de plein fouet par la brutalité de leur assassinat, le rendant à jamais « inassimilable », selon les mots de l'écrivain Yannick Haenel qui en 2020, a rédigé un compte rendu au jour le jour du procès des complices présumés des tueurs[1].

Le souffle de l'événement, décidément, ne retombe pas. Chacun de nous a ressenti qu'il imprimait une profonde césure dans l'histoire de notre pays. On a tué sur notre sol, refuge traditionnel de tant d'écrivains et d'intellectuels persécutés, une partie de la rédaction d'un journal. Dès lors, impossible de se croire encore dans une démocratie apaisée, miraculeusement tenue à l'écart du fracas du monde. Nous prenons conscience de toutes ces valeurs trouvées au pied de notre berceau et que nous avions fini par ne plus voir, comme des objets précieux mais fondus dans le décor : la liberté de conscience, la liberté d'expression, la liberté de la presse, la laïcité. Nous les regardons d'un œil neuf. Nous comprenons qu'il faudra nous battre pour les préserver, les reconquérir, ou tout simplement pour en être dignes. Le monde dans lequel nous avons basculé n'est plus celui de l'insouciance. C'est un monde où plus que jamais, nous aurons besoin de courage.

*

Ces événements de janvier 2015 n'éclatent pas comme un coup de tonnerre dans un ciel serein. En tant que maire d'Évry, j'avais assisté à la montée de l'islam politique radical et à la résurgence de l'antisémitisme dans les quartiers populaires, travaillés par le conflit israélo-palestinien, et j'avais tenté d'alerter sur cette double menace, intimement liée.

Ensuite, il y a ce premier choc que constituent les tueries dans le sud-ouest de la France, qui m'apparaissent avec le recul comme le prélude à toute cette longue et terrible période qui est loin d'être refermée. En mars 2012, à Toulouse et Montauban, un terroriste islamiste commet sept assassinats : trois soldats, un professeur, ses deux enfants et une fillette dans l'école juive Ozar Hatorah. Des gosses tués à bout portant. La haine de la France, l'antisémitisme, la barbarie, tout ce qu'on va trouver en janvier 2015 à Charlie, Montrouge, l'Hyper Cacher… Un tel événement, déjà, aurait dû provoquer un sursaut républicain massif, et un réflexe d'unanimité nationale. Nous aurions dû être des millions dans les rues pour crier tous ensemble notre indignation. Ce ne fut malheureusement pas le cas.

Quelques semaines plus tard, après la victoire de François Hollande à l'élection présidentielle, je deviens ministre de l'Intérieur. Le directeur central de la sécurité intérieure me confirme dès l'été la gravité de la menace islamiste. De nombreux Français partent en Syrie et en Irak. Je lance une première loi antiterroriste et une profonde réforme du renseignement intérieur. Mais je sais que le pire est possible.

Le 7 janvier 2015, je suis Premier ministre depuis dix mois. J'apprends la nouvelle au milieu d'une réunion consacrée au sauvetage du régime des intermittents avec la ministre de la Culture Fleur Pellerin. François Hollande, prévenu par l'urgentiste Patrick Pelloux, proche de Charb, se rend aussitôt sur les lieux. J'irai moi-même un peu plus tard dans la journée. Je visite d'abord le commissariat du XIe arrondissement, celui d'Ahmed Merabet, pas loin de mon domicile de l'époque. Puis je vais au 10 rue Nicolas-Appert. Toute l'équipe de la police judiciaire est sur les lieux. On me propose de monter à la rédaction. J'accepte. Je réagis comme j'aurais réagi en tant que ministre de l'Intérieur. Je veux être au plus près des événements. On me précise alors que les corps n'ont pas été enlevés. Je décide d'y aller malgré tout car je veux affronter cette réalité. Je monte. J'entre dans cette salle qui me semble si petite. Le silence est assourdissant. Les marques de la violence sont là, indescriptibles. Dans *Une minute quarante-neuf secondes*[2], le dessinateur Riss, blessé dans l'attentat, écrit que toutes les phrases, en pareille situation, sont autant de « fausses victoires » car elles ne pourront jamais prétendre « esquisser le portrait de l'abîme ».

J'avais rencontré plusieurs journalistes de *Charlie Hebdo*. J'avais croisé Cabu, sa femme Véronique était une amie. J'avais débattu avec Bernard Maris. Je ne connaissais pas Charb. C'est pourtant de ce dernier que je voudrais parler, sans chercher à m'inventer avec lui une connivence ou une proximité idéologique qui n'ont jamais existé.

Il n'a jamais manifesté de sympathie quelconque à mon égard : ni pour ma personne ni pour mes prises de position. Il était sympathisant communiste, ne s'en cachait pas, et avait voté pour Jean-Luc Mélenchon en 2012. Il m'a épinglé avec férocité et talent, comme tant d'autres hommes et femmes politiques.

Il ne m'appartient donc pas d'évoquer la personnalité de Charb. Si l'on veut connaître son caractère, ce qu'il était en privé, il faut lire le livre de sa mère Denise Charbonnier, *Lettre à mon fils Charb*[3]. Pas toujours agréable pour les autorités de l'époque, mais si sincère... Et si l'on veut savoir comment il était dans son travail, il faut se reporter au poignant ouvrage de Luz, *Indélébiles*[4], où tout est raconté de manière drôle, chaleureuse, bouleversante, sans jamais aucun pathos.

Je voudrais pour ma part revenir sur certaines idées de Charb qui figurent notamment dans son dernier livre, *Lettre aux escrocs de l'islamophobie qui font le jeu des racistes*[5]. Et bien sûr, tout d'abord, parler de son courage.

On a laissé se développer l'idée, même après le 7 janvier 2015, que les dessinateurs de *Charlie Hebdo* auraient été des provocateurs publiant des caricatures de Mahomet et versant ainsi de l'huile sous la marmite déjà bouillonnante de l'islamisme. C'est absolument faux. Ce n'est pas ainsi que les choses se sont passées. Ces caricatures étaient parues fin 2005 dans le journal danois *Jyllands-Posten*. Début 2006, des flambées de violence, soigneusement entretenues, agitent déjà la communauté musulmane.

Publier les caricatures dans un autre journal, c'est faire baisser la pression autour du *Jyllands-Posten*. Mais c'est aussi s'exposer. Le dilemme se pose à tous les organes de presse du monde. Philippe Val, alors directeur de *Charlie Hebdo*, après de longues discussions avec sa rédaction, choisit de prendre ses responsabilités : « Si on recule, c'est Munich », dit-il. C'est Caroline Fourest qui donne ce détail dans son *Éloge du blasphème*[6], où elle relate les événements dont elle a été témoin. Pour diluer les risques, Philippe Val tente d'obtenir que d'autres grands journaux publient l'intégralité des caricatures en même temps que *Charlie Hebdo*. Personne ou presque n'accepte.

Comme l'a déploré Élie Barnavi dans *Les Religions meurtrières*[7], la réaction de l'Europe s'est malheureusement résumée à un « concert de balbutiements ». Pire, le président Jacques Chirac condamne une « provocation manifeste » du journal, susceptible à ses yeux d'« attiser les passions ». *Charlie Hebdo* se retrouve tout seul à publier les douze caricatures, dans son numéro du 8 février 2006, avec le fameux dessin de Cabu « C'est dur d'être aimé par des cons », flanqué d'une légende parfaitement explicite et implacable : *Mahomet débordé par les intégristes.*

Un an plus tard, attaqué par la Grande Mosquée de Paris et des organisations musulmanes pour incitation à la haine, *Charlie Hebdo* doit se défendre en justice. À ce moment-là, la classe politique manifeste sa solidarité au journal. Nicolas Sarkozy, candidat à la présidence de la République, fait parvenir une lettre de soutien. François Hollande, alors premier secrétaire du parti socialiste, cité comme témoin, vient apporter le sien, tout comme François Bayrou au nom des centristes de l'UDF.

Mais cette unanimité va s'effriter dans les années qui suivent. Fin 2011, le printemps arabe se change en hiver islamiste. La rédaction de *Charlie Hebdo*, pour rendre compte de cette actualité, prévoit de publier un numéro spécial intitulé *Charia Hebdo*. Dans la nuit du 1er au 2 novembre, les locaux du journal sont incendiés. Un appel, initié par les Indigènes de la République, s'intitule : « Pour la défense de la liberté d'expression, contre le soutien à *Charlie Hebdo* ». Il proclame son refus de s'apitoyer sur le sort de *Charlie Hebdo*, et lui prédit même un buzz médiatique qui relancera ses ventes. C'est odieux et faux : 2010-2015 sont des années de très grandes difficultés financières pour le journal.

En septembre 2012, l'actualité se focalise sur une médiocre production cinématographique anti-islam, *Innocence of Muslims* (L'innocence des musulmans)[8], qui relance l'agitation et la violence dans certaines grandes villes du Proche-Orient. Le 19, *Charlie Hebdo* affiche à la une un dessin de Charb, directeur de la publication depuis 2009 : elle fait allusion au film *Intouchables*[9] (2011) et montre un musulman en fauteuil, poussé par un juif, qui dit « Faut pas se moquer ! ». Ici encore, l'hebdomadaire ne fait que chroniquer l'actualité, et n'agit pas sous le coup de je ne sais quelle obsession antimusulmane.

Pourtant, des voix – dont certaines venues de gauche, malheureusement – qualifient le journal d'irresponsable. C'est le début d'une fracture entre Charlie Hebdo et une partie de la gauche française, qui l'accuse de « participer à une campagne générale de guerre contre les Musulmans » selon les mots d'Edwy Plenel, prononcés plus tard en 2017. Charb déclare à ce moment-là : « C'est peut-être pompeux ce que je vais dire, mais je préfère mourir debout que vivre à genoux. » En privé, il avoue parfois sa lassitude : « Je passe une moitié de ma vie à faire ce journal, et l'autre moitié à l'expliquer », rapporte Denise Charbonnier, dont le livre révèle à quel point son fils a souffert de ces attaques permanentes et combien les journalistes de *Charlie Hebdo* se sont parfois sentis bien seuls.

Charb et ses amis dessinateurs sont les héritiers d'une tradition bien française, celle de la caricature politique et religieuse. Je les vois comme les successeurs d'Honoré Daumier ou de Charles Philipon, véritables mousquetaires de la liberté en ce XIXe siècle, parfois baptisé de « siècle de la caricature ».

On a un peu trop oublié l'audace et la bravoure de ces artistes. En 1831, Charles Philipon croque le roi Louis-Philippe sous la forme d'une poire. Accusé de crime de lèse-majesté, il est traduit en justice. Il écope de six mois de prison ferme et d'une très lourde amende. Son confrère Honoré Daumier figure le roi en énorme bouddha. Si l'on observe bien ce dessin, on aperçoit au sommet de son crâne une insolente petite tige qui reprend l'idée de la poire, hommage discret mais courageux à son confrère Philipon. Dans un autre de ses dessins, il représente le roi en Gargantua vorace attablé devant des pâtés. Même punition que pour Philipon : six mois de prison ferme et une très lourde amende. Hier comme aujourd'hui, le prix de l'irrévérence était élevé.

L'autre tradition historique à laquelle je relie Charb et ses amis est celle du combat contre le délit de blasphème, qualifié de « crime imaginaire » par les révolutionnaires. La France fut le premier pays à le révoquer en 1791. Mais le blasphème eut tendance à revenir par la fenêtre après avoir été expulsé par la porte : en particulier sous forme d'atteinte à la morale religieuse jusqu'à la loi de 1881 sur la liberté de la presse.

Néanmoins, même sous la IIIe République, le poids de la religion catholique sur l'ensemble de la société reste considérable. On comprend donc la virulence extrême de certains dessinateurs en particulier au moment de l'affaire Dreyfus et de la loi de séparation des Églises et de l'État. Violemment anticléricaux, ils s'en prennent aux curés qu'ils comparent, à cause de la couleur de leur vêtement, à des corbeaux de mauvais augure. Mais ils ne s'arrêtent pas là : ils attaquent aussi la religion elle-même. Autrement dit, s'ils vivaient à notre époque, ils auraient sans doute du mal à comprendre cette distinction qui s'est instaurée depuis plusieurs années dans certains esprits entre la critique contre l'intégrisme (acceptée) et la critique de la religion (mal vue, soupçonnée de racisme). Il suffit pourtant de revenir à la loi : ce qui est puni, c'est la haine. La libre critique d'une religion est légitime, doit être défendue, et ne jamais être confondue avec le rejet des membres d'un groupe en raison de leurs croyances ou de leurs origines. Pourquoi cette distinction a-t-elle autant de mal à entrer dans les esprits ?

Les dessinateurs de *L'Assiette au beurre*, un des organes de presse les plus mordants de l'époque, ne se privaient pas d'attaquer la religion bille en tête. Sur une de ses couvertures, on voit un prolétaire qui botte les fesses de Jésus-Christ. Fait troublant, ce dessin paraît en 1906, un an après la loi de séparation des Églises et de l'État et cent ans avant le numéro de *Charlie Hebdo* présentant les caricatures danoises de Mahomet.

Le dessinateur qui a osé – il n'est pas le seul – s'attaquer directement à Jésus s'appelle Jules Grandjouan. Son impertinence lui vaut plusieurs condamnations. Même sous la IIIe République, être caricaturiste n'est pas un métier de tout repos... En 1911, Grandjouan écope de dix-huit mois de prison pour un dessin antimilitariste. Il doit s'exiler pendant quelques années.

Je me représente donc Charb et ses amis au croisement de ces deux traditions bien françaises, la caricature politique et la lutte pour le droit de blasphémer. Deux jours avant les attentats, Charb remettait à son éditeur le manuscrit complet de *Lettre aux escrocs de l'islamophobie qui font le jeu des racistes*. Ce livre éclaire sur le sens des combats qu'il a menés à la tête de *Charlie Hebdo*. On sent que ce qui l'a le plus touché est l'accusation de racisme. Il tente pourtant de démontrer que les critiques de *Charlie Hebdo* à l'encontre de l'islamisme doivent être interprétées en sens inverse.

Pour lui, c'est cette invitation régulière de s'abstenir de brocarder les intégristes de l'islam, sous prétexte que cette critique ne serait pas comprise par l'ensemble des musulmans, qui traduit un véritable mépris : « Si on laisse entendre qu'on peut rire de tout sauf de certains aspects de l'islam parce que les Musulmans sont beaucoup plus susceptibles que le reste de la population, que fait-on sinon de la discrimination ? »

La colonne vertébrale de Charb, c'est l'antiracisme. C'est son combat de toujours. Et l'on comprend du même coup pourquoi ce vocable d'*islamophobie* lui semblait si pernicieux. N'avait-il pas déjà été utilisé pour clouer au pilori Salman Rushdie ? On connaît la phrase de Camus : « mal nommer les choses c'est ajouter au malheur du monde ». C'est le cas avec *islamophobie.*

D'abord, le mot rate sa cible à cause de son étymologie qui renvoie à une peur panique et viscérale de l'islam. Cela ferme la porte à une critique raisonnée, réfléchie, argumentée de cette religion. C'est une arme de censure pour empêcher toute condamnation du fanatisme, de l'intégrisme des Frères musulmans ou des salafistes. Comme le souligne l'avocat intrépide de *Charlie Hebdo*, Richard Malka : « C'est une arme de l'idéologie victimaire pour culpabiliser l'autre en permanence et le faire taire. » Mais surtout, ce vocable piégeux est devenu un filet attrape-tout, qui englobe aussi bien des dégradations vis-à-vis de mosquées ou de cimetières musulmans que des actes racistes envers des Français ou immigrés d'origine maghrébine ou d'Afrique de l'Ouest, qu'ils soient athées, indifférents ou musulmans pratiquants. Si tout acte raciste est estampillé islamophobe, alors « on voit des musulmans là où il faudrait voir des citoyens », souligne Charb de manière forte. Autrement dit : on inclut de force des Arabes athées ou indifférents dans une catégorie religieuse qu'ils n'avaient pas revendiquée. On voit le monde avec les lunettes des intégristes. On suit le programme des islamistes : solidariser autour de l'islam toute population ayant en partage un lien avec cette culture. L'autre effet pervers de ce mot, c'est de segmenter la lutte contre la haine : s'il faut créer un terme spécifique pour la haine de l'islam, celle des chrétiens, celle des juifs ou celle des hindous, on perd l'universalité du concept d'antiracisme. Ceux qui utilisent ces mots, conclut Charb, sont devenus des « boutiquiers de l'antiracisme ». Son raisonnement est puissant. J'y apporte néanmoins une nuance de taille. Je crois que l'antisémitisme appartient à un registre spécifique. Il ne s'agit en aucun cas de hiérarchiser ou de méconnaître les autres expressions de haine. La lutte contre l'antisémitisme ne peut être efficace que si elle est distinguée du combat contre les autres formes de racisme. Nous l'avons vu pendant la pandémie de la Covid-19 avec la prolifération des thèses complotistes et le plus souvent antisémites. Si le racisme a désigné le juif comme l'ennemi absolu, c'est parce-que la différence juive, hors du champ religieux, est insaisissable et indiscernable. Il nourrit l'imaginaire, la peur, le complot. Le sentiment est d'autant plus violent. La particularité de l'antisémitisme se reflète dans les mots de l'antisémite Édouard Drumont lorsqu'il écrivait : « le Juif dangereux, c'est le Juif vague. » Et comment ne pas faire référence aux mots si justes et toujours d'actualité de Vladimir Jankélévitch ? « L'antisémitisme est une grave offense à l'homme en général. Les juifs étaient persécutés parce que c'étaient eux, et non point en raison de leurs opinions ou de leur foi : c'est l'existence elle-même qui leur était refusée. On ne leur reprochait pas de professer ceci ou cela, on leur reprochait d'être. Jusqu'à un certain point, ce refus s'étend encore à l'existence de l'État d'Israël[10]. »

Charb n'était pas seulement un chantre de la liberté d'expression ; il était un antiraciste fervent et fraternel, et le défenseur d'une France ouverte sur les autres. On oublie souvent la deuxième dimension au profit de la première. Or, il existe selon moi un lien très fort entre les deux. C'est en étant fermes sur nos principes que l'on rend le meilleur service possible à tous ceux – l'immense majorité – qui veulent s'intégrer et s'assimiler. Non seulement parce qu'une société qui explicite ses valeurs donne un cadre clair et des repères lisibles, elle montre le chemin ; mais aussi parce qu'une société fière de ses principes et de son histoire fait plus envie qu'un modèle fissuré par le doute et la haine de soi. Voilà pourquoi je crois que le combat pour nos valeurs cardinales, à commencer par la liberté d'expression, est aussi et en même temps la meilleure défense possible de la cause de l'assimilation. Dans *Les Religions meurtrières*, Élie Barnavi ne le disait pas autrement : l'intégration ne peut fonctionner de manière véritablement efficace que dans une France « à l'estomac solide, sûre d'elle-même et de ses valeurs ».

Ce qu'entrevoit Charb, et qui sans doute l'angoisse, c'est un monde divisé en deux camps irréductibles : les islamophiles d'un côté et les islamophobes de l'autre, avec entre les deux des modérés dont les appels à la raison sont couverts par les vociférations des uns et des autres. Une partie de la gauche s'est perdue dans ce combat. « L'islamisme, fossoyeur des gauches », avait diagnostiqué Jean Birnbaum dans son livre *La Religion des faibles. Ce que le djihadisme dit de nous*[11]. On retrouve ici ces gauches irréconciliables que j'avais théorisées dès 2016. Un tel paysage politique, bannissant toute nuance et toute complexité, a pour moi des allures de cauchemar. J'y vois le pire des mondes possibles. Je me bats contre cela et continuerai de le faire jusqu'à mon dernier souffle. Voilà pourquoi j'ai souhaité évoquer les mots de Charb à l'orée de ce livre : comme des sentinelles pour nous garder du malheur.

Ce malheur qui ne nous quitte pas. En août 2022, Salman Rushdie faisait l'objet d'une attaque au couteau. L'auteur agissait au nom de la fatwa lancée en 1989 par l'ayatollah Khomeini contre l'auteur des versets sataniques, et qui le condamnait à mort. Tout a commencé avec cette punition, cet appel au meurtre : le surgissement de l'islamisme meurtrier, fanatisé et la lâcheté de beaucoup d'intellectuels, le dévoiement d'une partie de la gauche. Plus de trois décennies après, rien n'a changé, ou presque. Riss, lui aussi un courageux, le successeur de Charb à la tête de *Charlie Hebdo*, avait bien raison d'écrire le 12 août 2022 : « Eh bien non, il va falloir répéter encore et encore que rien, absolument rien, ne justifie une fatwa, une condamnation à mort, de qui que ce soit pour quoi que ce soit. De quel droit des individus, dont on se fout totalement de savoir qu'ils sont religieux, s'arrogent le droit de dire que quelqu'un doit mourir ? Petit chefs spirituels médiocres, intellectuellement nuls et culturellement souvent ignares, ce sont ces gens-là qui doivent être combattus car ce sont eux qui manquent de respect. Pas à un texte religieux écrit par quelque illuminé, mais à l'intelligence, à la sensibilité et à la créativité humaine. À l'Humanité, tout simplement. »

II

Sébastien Castellion
Le moucheron
contre l'éléphant

« Tuer un homme, ce n'est pas défendre une doctrine, c'est tuer un homme. Quand les Genevois ont fait périr Servet, ils ne défendaient pas une doctrine, ils tuaient un être humain. »

Ces mots fermes et limpides, comme ceux de Riss, ont été écrits cinq cents ans avant les attentats de janvier 2015, on ne peut s'empêcher de le remarquer. Dans une époque de haines implacables, qui s'apprête à basculer dans les guerres de religion, celui qui a rédigé cette phrase a voulu regarder le fanatisme en face pour lui opposer les droits inaliénables de la conscience. Cet humaniste s'appelle Sébastien Castellion (1515-1563). Selon moi, il existe un fil de courage et de grandeur qui relie Castellion, défenseur de Servet, à Voltaire réhabilitant Jean Calas[1], et plus tard à Zola, avocat passionné du capitaine Dreyfus.

La meilleure introduction à Sébastien Castellion est Stefan Zweig. Il est un de mes auteurs favoris. Jeune, j'ai lu avec fascination ses monographies consacrées à des grandes figures de l'histoire européenne : Érasme, Fouché, Marie-Antoinette, Magellan, Marie Stuart…

Son livre *Conscience contre violence* (1936) retrace l'affrontement dramatique entre Castellion et Calvin. Zweig ne l'a pas écrit dans la sérénité. Deux ans plus tôt, il a quitté l'Autriche pour Londres. La montée des totalitarismes, en particulier du nazisme, le plonge dans l'angoisse. Il entame une vie d'errance qui va le mener en Angleterre, puis au Brésil où il se donnera la mort avec son épouse en 1942. À travers ce texte, il s'interroge lui-même : dans un moment où triomphent la barbarie et la violence, un intellectuel est-il autre chose qu'un moucheron contre un éléphant ? Que peut la conscience contre la violence ?

Le texte dépeint donc un duel entre deux intellectuels protestants, deux Français, Sébastien Castellion (né en Savoie, à Saint-Martin-du-Fresne) et Jean Calvin (né en 1509 à Noyon). Mais c'est à Genève que leur affrontement va se cristalliser. Calvin, figure centrale de la réforme protestante, s'y est établi en 1536 pour y édifier une cité conforme aux principes théologiques qu'il développe dans ses sermons et dans son œuvre majeure, *Institution de la religion chrétienne* (1541). Son but est de faire de Genève le premier État de Dieu sur terre : un État sans péchés, sans vices, sans corruption.

La description physique de Calvin par Zweig est un morceau de bravoure. Il évoque ses mains « maigres et osseuses comme celles d'un avare » et sa barbe clairsemée, « comme une broussaille triste ». Il insiste sur sa mauvaise santé physique, comme si son corps tout entier protestait d'être maltraité par une inhumaine rigueur. « L'ascète est le type le plus dangereux de dictateur. Celui qui ne se pardonne rien se montrera toujours intransigeant à l'égard des autres », note Zweig. Calvin, en effet, semble étranger à toute sensualité : « il ignore toute griserie, celle de l'art comme celle du vin ».

Persuadé de détenir la vérité absolue, il est dépeint comme un tyran désireux de tout contrôler dans la ville de Genève. Il en réglemente les mœurs et les menus plaisirs, même le patin à glace ne trouve pas grâce à ses yeux, et il n'hésite pas à recourir à « la plante vénéneuse de la dénonciation ».

On comprend, dans ce portrait poussé au noir, que Calvin n'est ici qu'un prétexte. La véritable cible de Zweig, c'est Hitler. Cela apparaît notamment quand il décrit les officiers de police chargés de maintenir l'ordre comme une « Gestapo des mœurs » : on ne saurait être plus clair… La description de Zweig tient souvent plus de la caricature et du brûlot que de l'exactitude historique. C'est sans doute injuste – Calvin mérite un portrait plus nuancé – mais cela donne des pages crépitantes de vie et de passion. Le livre vous happe et ne vous lâche plus.

Face à Jean Calvin, maître de Genève, se dresse Sébastien Castellion. C'est un érudit, un savant de la trempe d'Érasme. Il connaît le grec, le latin, choses banales chez les humanistes, mais aussi l'hébreu, ce qui l'est moins. Il aime enseigner et se distingue par ses innovations pédagogiques.

Sur l'apparence physique de Castellion, Zweig semble moins inspiré que pour Calvin. Il relève à partir du seul et unique portrait qu'on ait de lui « un visage sérieux d'intellectuel, des yeux francs, on pourrait dire purs, sous un front haut ». Son visage, note Zweig, respire le calme autant que celui de Calvin exprime la tension.

L'un des éléments qui auraient favorisé sa conversion à la réforme serait d'avoir été témoin, par hasard, du supplice de protestants envoyés au bûcher. Il dira un jour : « Je ne suis qu'horreur du sang. »

Castellion commence par être un proche de Calvin qu'il fréquente à Strasbourg en 1543. Une fois installé à Genève, ce dernier l'appelle pour diriger le collège de la ville. Très vite, il sent en lui un esprit indépendant qu'il ne pourra modeler à sa guise. Les piqûres d'amour-propre se multiplient chez l'un et l'autre. Par exemple quand Calvin entend réviser la traduction de la Bible que Castellion a entreprise.

L'incident le plus grave survient quand Castellion décide de devenir pasteur. Il doit pour cela passer devant une sorte de commission chargée de vérifier que ses idées sont en conformité avec celles de Calvin. Et elles le sont, sauf quelques points annexes que Castellion n'entend pas révoquer *a priori*. Il admet qu'il puisse avoir tort, mais il veut être convaincu par des arguments qui ne soient pas d'autorité.

Calvin voit en lui l'esprit de rébellion : il ne l'autorise pas à devenir pasteur. Ulcéré, Castellion quitte Genève pour Bâle, autre cité protestante mais plus ouverte à la pluralité des opinions. Il y exerce comme correcteur d'imprimerie, puis comme professeur de grec. Il a du mal à faire vivre sa famille ; on le qualifierait sans doute aujourd'hui d'intellectuel précaire… Calvin, pas fâché de voir partir cet homme brillant mais inflexible, écrit cependant une lettre de recommandation élogieuse pour qu'il puisse plus facilement trouver un emploi. À ce moment-là, les ponts ne sont pas encore coupés entre les deux hommes.

L'affaire Servet va changer la donne. Michel Servet est un de ces esprits géniaux et touche-à-tout qui semblent fleurir à l'époque de la Renaissance : médecin, théologien, alchimiste, géographe…

Parce qu'il est né dans le royaume d'Aragon, Zweig en fait une personnalité fantasque et donquichottesque. Là encore, il se montre superficiel et injuste. Servet mérite mieux que cela. Il reste dans l'histoire de la médecine pour une découverte importante, celle de la circulation pulmonaire. Le problème avec lui n'est pas la médecine mais la théologie. Son traité *La Restitution du christianisme* (1553) s'attaque à un pilier, le dogme de la Trinité. Pour une fois, catholiques et protestants sont d'accord : un tel blasphème mérite la mort. Condamné par l'Inquisition catholique, il se cache à Vienne où il exerce la médecine sous un faux nom.

Pour des raisons complexes, il se réfugie à Genève où il est aussitôt arrêté. On le jette dans un cachot humide où il dépérit dans des conditions inhumaines. Il est à bout de forces quand il comparaît devant ses juges. Calvin, en coulisse, tire les ficelles. Il obtient la condamnation à mort de Servet, prononcée le 26 octobre 1553. L'exécution est pour le lendemain.

Servet demande alors à voir Calvin, apparemment pour obtenir son pardon. Zweig décrit cette scène poignante où ce dernier non seulement refuse ce pardon, mais s'emploie à lui extorquer l'aveu de son erreur. Servet, pourtant affaibli, ne se renie pas. Zweig fait une description presque insoutenable de Servet conduit au bûcher : « Hirsute, sale, épuisé, le condamné avance en chancelant au milieu du cliquetis de ses chaînes. » On ne lui accorde même pas d'être décapité avant d'être jeté dans les flammes. Il est brûlé à onze heures sur la place du Champel, le 27 octobre 1553, avec le manuscrit de son livre. Impossible de lire cette scène sans frémir.

C'est alors que le duel entre Castellion et Calvin va se nouer. La mort de Servet et le fait qu'un État réformé ait recouru aux mêmes méthodes que l'Inquisition – la torture et le bûcher – révoltent un certain nombre d'intellectuels protestants. Mais Calvin fait peur, et la plupart ne s'expriment pas publiquement.

Castellion, lui, va trouver le courage de parler. Dans le *Traité des hérétiques* (1554), il s'interroge sur la définition même de ce terme. Il a l'audace de dire que les Évangiles ne sont pas toujours clairs. Et que par conséquent, ceux qui les interprètent peuvent se tromper sans pour autant mériter la mort. Il réunit des citations de plusieurs théologiens, dont l'une de Calvin condamnant la persécution des minoritaires : « Ce n'est pas agir en chrétien que de poursuivre par le fer et le feu ceux que l'Église a chassés et de leur refuser les droits de l'humanité. » Il démontre l'incohérence de Calvin et parvient à une conclusion limpide : « Après avoir souvent cherché ce qu'est un hérétique, je n'en trouve autre chose sinon que nous estimons hérétiques tous ceux qui ne s'accordent avec nous, en notre opinion. »

Ils ne sont guère nombreux, en ce XVIe siècle des guerres de religion, à avoir assez de hauteur de vue pour écrire cela ! On en connaît au moins un. C'est Montaigne, qui dans un célèbre chapitre des *Essais*, professera plus d'une dizaine d'années plus tard : « Chacun appelle barbarie ce qui n'est de son usage. » Castellion, d'ailleurs, est cité dans les *Essais* comme un « très excellent personnage en savoir ».

La réplique de Genève ne se fait pas attendre. Comme souvent, elle s'exprime par la voix de Théodore de Bèze, un des lieutenants de Calvin, qui laisse tomber cette sentence catégorique : « La liberté de conscience est une doctrine diabolique. » Mais le texte de Castellion se répand dans les milieux humanistes, et bientôt c'est Calvin qui intervient en personne. Il rédige contre Castellion un pamphlet rempli d'attaques violentes et de calomnies.

À un moment, Castellion s'est probablement interrogé pour savoir s'il devait riposter. D'une part, en bon croyant sincère et fervent, il a dû se demander si ce serait chrétien, s'il ne céderait pas ainsi à la colère ou à l'orgueil. D'autre part, il a dû prendre le temps de mesurer les risques qu'il encourait, car Calvin avait des relais influents. Même à Bâle, Castellion n'était pas protégé. Ce qui lui donne la force de répondre à Calvin, c'est sans doute sa conviction que la liberté de conscience a un caractère sacré, et qu'elle se manifeste en nous comme la voix de Dieu. Impossible donc de renier ce qu'il perçoit comme une étincelle divine. Il décide de répliquer : ce sera son traité *Contre le libelle de Calvin* (1553), que Zweig, le comparant à Zola, qualifie de « "J'accuse… !" du XVIe siècle ».

C'est dans cette réponse que figure la phrase la plus célèbre de Castellion, placée en tête de ce chapitre, et à laquelle il ajoute : « Servet a combattu avec des arguments et des écrits : il fallait donc le combattre avec des arguments et des écrits. » Bien sûr, on a envie d'ajouter ici, en pensant à *Charlie Hebdo* : et c'est par des caricatures que l'on doit répondre à des caricatures.

Cette réponse à Calvin, de manière générale, est un plaidoyer pour la liberté de conscience. Castellion utilise ainsi des images très parlantes pour montrer qu'on ne peut forcer quelqu'un à se convertir sans aboutir à une contradiction : « Ceux qui veulent imposer aux gens une croyance agissent aussi stupidement que celui qui voudrait obliger un malade à prendre de la nourriture en la lui enfonçant dans la bouche au moyen d'un bâton. » À agir ainsi, on ne fait pas manger, on fait vomir. On obtient le résultat inverse…

Ce pédagogue est décidément doué pour trouver des images très parlantes. Il dit qu'une religion qui emploie la force pour se propager est comme un fou avec un grand tonneau où se trouve un peu de vin qui ajouterait de l'eau pour le remplir à ras bord, « gâtant ce qu'il avait déjà ». Cette métaphore montre comment la foi, matérialisée par le vin, est une denrée précieuse et périssable. À vouloir brutalement et artificiellement en augmenter la quantité, on perd tout.

À la lecture de *Contre le libelle de Calvin*, dont Zweig donne plusieurs extraits, on est frappé tant par le fond que par la forme. Castellion a sans doute hésité à entrer dans la lice, mais une fois sa décision prise, son engagement est frontal. Il s'adresse directement à Calvin, sans prendre de détour. Il le tutoie, et même le rudoie. Il lui reproche notamment de l'attaquer sans jamais mentionner ses arguments : « Dis-moi, maître Calvin, si tu avais un procès avec quelqu'un pour une question d'héritage et que ton adversaire obtînt du juge qu'il le laissât parler seul, cependant qu'il te serait défendu de prendre la parole, ne t'élèverais-tu pas contre cette iniquité ? »

Des extraits de ce traité circulent entre les intellectuels protestants. Mais les pressions et les menaces de Calvin sont assez fortes pour qu'aucun imprimeur n'ose publier le texte jusqu'en 1612, bien longtemps après la mort de Castellion.

Au début des années 1560, catholiques et protestants sont au bord de la rupture. Chaque camp fourbit ses armes. On va entrer dans la période tragique des guerres de religion. En France, les historiens comptent huit guerres entrecoupées de trêves plus ou moins longues jusqu'à l'édit de Nantes, promulgué en 1598 par le roi Henri IV, qui va essayer d'inventer une coexistence, unique en Europe, de deux religions dans le même pays. Mais il faudra beaucoup de sang et de drames pour imposer cette solution dont Castellion a eu l'idée plus de trente ans plus tôt. Dans *Conseil à la France désolée* (1562), il s'adresse à son pays : « Le conseil qui t'est donné, France, c'est que tu cesses de forcer les consciences, ni tuer, ni persécuter, mais permettre qu'en ton pays il soit loisible à ceux qui croient en Christ et reçoivent le Vieux et Nouveau Testament de servir selon la foi, non d'autrui, mais la leur. » Une fois de plus, ce texte sera censuré…

Castellion a encore le temps de publier un texte intitulé *De l'art de douter et de croire, d'ignorer et de savoir*, où il défend l'idée que le doute relève de la sagesse et de l'humilité chrétienne, et qu'il n'est pas l'adversaire de la foi mais son allié. La fin est proche. Calvin et ses amis ne relâchent pas leur pression et cherchent à exploiter le moindre prétexte. Quand ils découvrent que Castellion est en relation avec un intellectuel dont les opinions théologiques sentent le soufre, un certain Bernardino Ochino, ils croient enfin le tenir. Mais Castellion, usé par une vie de travail, miné par ces attaques incessantes, meurt à 48 ans le 29 décembre 1563, s'évitant peut-être ainsi un destin comparable à celui de Michel Servet.

Dans cet affrontement de la conscience contre la violence, est-ce toujours la conscience qui s'incline ? Non, si l'on regarde sur la durée. Stefan Zweig n'écrit-il pas dans *Le Monde d'hier* : « Dans mes nouvelles, je suis toujours attiré par celui qui succombe au destin, dans les biographies par le personnage qui finit par avoir raison, non dans l'espace réel du succès, mais uniquement au sens moral. Érasme et pas Luther, Marie Suart et pas Élisabeth, Castellion et pas Calvin »... Et comme le souligne Olivier Abel dans l'ouvrage qu'il lui consacre, alors qu'il a pris la tête d'un mouvement qui a changé la face de l'Europe, « en voulant consolider les remparts menacés, Calvin a probablement fermé l'accès au protestantisme, sinon ouvert l'une de ses grandes portes de sortie. » Car l'œuvre de Castellion fait son chemin dans les esprits. Ses traductions de la Bible circulent. Ses ouvrages pédagogiques pour apprendre le latin aux enfants restent en usage jusqu'au XVIIIe siècle. Mais aussi et surtout, ses idées sur la liberté de conscience se diffusent. Des notions qui se déploient progressivement à partir du XVIIe siècle et s'épanouissent au siècle suivant.

Et cet héritage devient un des socles de la IIIe République. Chez les républicains de la fin du XIXe siècle, l'attachement à la liberté de conscience est fondateur dans leur volonté d'édifier une société laïque. La religion ne doit pas être en mesure de « forcer les consciences », en particulier les plus jeunes : et c'est pourquoi l'enseignement doit échapper à la tutelle de l'Église catholique.

Il existe donc un fil reliant Sébastien Castellion à la laïcité. Ce fil passe par Ferdinand Buisson, un de ces hommes sans lesquels la République n'aurait pas le même visage : un de nos pères fondateurs, pour reprendre le vocabulaire américain. Ferdinand Buisson, de confession protestante, fut l'un des penseurs et des bâtisseurs de la laïcité française. De 1879 à 1883, il fut le directeur de l'enseignement primaire de Jules Ferry. Il conserva ce poste après le départ de celui-ci, jusqu'en 1896.

Or Buisson était un fervent admirateur de Castellion. Il est même l'auteur d'une thèse sur ce dernier, commencée en 1866 et achevée en 1891. Ce délai si long s'explique par ses obligations de haut fonctionnaire, peu compatibles avec un travail universitaire. Finalement, il a cheminé avec Castellion pendant presque trente ans.

Il a beaucoup réfléchi sur la nature des valeurs que doit dispenser l'école laïque. Il était opposé à un catéchisme républicain qui n'aurait été que l'antithèse du catéchisme catholique. Il écrit : « On ne fait pas un républicain comme on fait un catholique [...]. L'élève doit être mis en face d'affirmations diverses, d'opinions contraires, en présence du pour et du contre, en lui disant "compare et choisis toi-même". » Dans cette conception exigeante de l'éducation, je crois deviner l'ombre de Castellion et le visage de Samuel Paty. Pour

Buisson aussi, la liberté de conscience a un caractère sacré. On ne doit pas « forcer les consciences », même quand c'est pour la bonne cause.

Pour lui, il existe un étroit et difficile chemin de crête que doit suivre l'école républicaine. S'interdire tout catéchisme, mais tout en prenant parti sur le plan des valeurs : « Nous protestons contre la fausse neutralité de conscience qui réduirait l'école à un état d'effacement, d'impuissance, et d'insignifiance que nous ne saurions accepter pour elle. »

Ce lien qui rapproche deux protestants, Ferdinand Buisson et Sébastien Castellion, je serais tenté de le prolonger le long du XXe siècle jusqu'à Michel Rocard, lui aussi élevé dans la culture protestante. Il n'a jamais parlé de Castellion devant moi ; mais je suis presque sûr qu'il connaissait la nature de ses combats. Dans les années soixante, jeune haut fonctionnaire tenu au devoir de réserve, il signa plusieurs articles sous le pseudonyme de Servet (Georges Servet), et ce n'est évidemment pas une coïncidence.

Je ne saurai jamais si Michel Rocard connaissait cette phrase de Castellion, qui n'est pas très souvent citée mais dont la haute exigence aurait bien convenu à son parler-vrai : « La plupart des hommes pensent qu'il faut suivre la multitude. Les amis de la vérité obéissent à la vérité. »

III

Les larmes du tigre

J'ai depuis longtemps une passion pour Clemenceau (1841-1929). Je l'admire pour son courage, pour son caractère. Et aussi parce que sur l'essentiel, il ne se trompe jamais.

En politique, il est dans tous les bons combats. Républicain de toujours, il est emprisonné deux mois sous le Second Empire, alors qu'il n'a pas vingt ans. Dreyfusard, il souffle à Zola le titre « J'accuse… ! » pour son article du 13 janvier 1898 dans *L'Aurore*. Anticolonialiste, il s'oppose à Ferry sur l'expédition du Tonkin, exprimant son scepticisme sur la notion de races supérieures et inférieures. Opposé à la peine de mort, il assiste à l'exécution d'un anarchiste, restituant en quelques mots l'horreur de la guillotine : « La machine luit, grasse de sang qui dégoutte. »

Il ne se trompe pas car il possède une boussole infaillible : son sens de la liberté. C'est au nom de cette liberté qu'il se bat contre le cléricalisme. Dans un de ces traits d'esprit cinglants qui le caractérisent, il décrit l'Église catholique d'avant 1905 comme « une vaste association qui vit aux dépens de ses non-adhérents ». C'est au nom de cette liberté qu'il discerne très tôt le fumet de tyrannie qui se dégage des premières organisations ouvrières marxistes : « Non ! Non ! je suis pour la liberté intégrale et je ne consentirai jamais à entrer dans les couvents et les casernes que vous nous préparez [...]. Il y a les Jésuites noirs. Il y a aussi les Jésuites rouges. »

Il ne se trompe pas non plus en économie. Sur certains théoriciens libéraux, il a cette remarque acide : « Tout leur art consiste à faire courir des culs-de-jatte ficelés dans un sac contre le dernier vainqueur du Grand Prix de Paris. » Dans le domaine social – et c'est une des dimensions méconnues du personnage –, il préconise l'intervention énergique de l'État pour soutenir les plus faibles. Il ne partage pas l'optimisme des républicains modérés, comme Ferry, qui s'en remettent à la vertu émancipatrice de la seule instruction. Médecin des pauvres à Montmartre, Clemenceau a vu la misère de trop près pour tomber dans cette illusion. Il sait que ce n'est pas l'instruction qui empêche le travail des enfants, mais la loi. Il dit en 1884 : « C'est l'État qui doit intervenir directement pour résoudre le problème de la misère sous peine de voir la guerre sociale éclater au premier jour. » Il sera du reste à l'origine de plusieurs lois sociales importantes – par exemple sur le travail des enfants.

Il manifeste la même sûreté de jugement dans les questions esthétiques. Il admire les impressionnistes dont l'un des artistes les plus originaux et incompris de son temps, Claude Monet. Tous deux deviendront de grands amis. Il faut lire leur correspondance au soir de leur vie, d'une merveilleuse liberté de ton. Clemenceau écrit à Monet des lettres qui commencent par « Mon vieux crustacé » ou « Cher vieux débris ». Après sa mort, il imaginera deux salles de l'Orangerie comme un écrin pour recueillir les chefs-d'œuvre de son ami : les *Nymphéas*.

On ne fait jamais le tour de Clemenceau. Il est comme ces vieux meubles d'autrefois, ouvragés avec patience et minutie par des artisans de génie. On inspecte les rangements principaux, on néglige les ouvertures latérales, et l'on oublie les tiroirs secrets. Clemenceau est plein de tiroirs secrets[1].

Le Clemenceau des dernières années me fascine. C'est tardivement qu'il s'inscrit dans l'histoire de France à la place qui est la sienne. S'il était mort avant la guerre, ou s'il s'était retiré de la vie politique, son image aurait été tout autre. Forte, bien sûr, mais aussi négative. Il acquiert pour sa férocité dans ses discours le surnom de « Tigre ». On aurait conservé le souvenir du « tombeur de ministères », resté dans l'opposition pendant la plus grande partie de sa carrière à l'exception de ses trois années de président du Conseil et de ministre de l'Intérieur (1906-1909). Les historiens auraient médité sur le mystère de cette destinée avortée, sur les promesses non tenues d'un talent si irréfutable. Il serait resté comme un autre Gambetta – ce qui n'est pas rien ! Mais c'est là la beauté de la politique : rien n'est joué jusqu'à l'ultime étincelle de vie. Quelques mots inscrits sur la dernière page changent l'interprétation du livre tout entier.

C'est donc au Clemenceau de la guerre, à ce Tigre devenu Père la Victoire, que je voudrais consacrer ces quelques pages. Il est plus qu'à sa place dans ce livre sur le courage. Non seulement parce qu'il fit preuve de bravoure en toutes circonstances, mais aussi et surtout parce qu'il a insufflé sa fermeté à un pays exsangue, lui permettant de rassembler ses forces jusqu'à la victoire finale.

Cette dernière année de guerre semble curieusement un peu effacée dans la mémoire collective. On se souvient des taxis de la Marne et des héros de Verdun ; on oublie qu'entre le printemps 1917 et l'été 1918, la France a frôlé l'abîme. Les historiens qui se penchent sur ces événements le disent aujourd'hui : que notre pays n'ait pas perdu la guerre au printemps 1918 reste à leurs yeux un mystère.

Dès novembre 1917, la situation est dramatique. La France compte plus d'un million de morts. L'offensive Nivelle, au printemps de cette même année, a été un désastre (quarante mille tués en trois jours). Le moral du pays est profondément atteint. Après quatre ans d'efforts, la nation se craquelle de tous côtés : mutineries, grèves dans les usines d'armement, défaitisme. La déclaration du président américain Wilson sur les conditions d'un traité de paix alimente chez certains socialistes ou certains radicaux, comme Joseph Caillaux ou Louis Malvy, l'idée qu'il est peut-être temps de négocier avec l'Allemagne.

Et sur le plan géopolitique, l'évolution est extrêmement défavorable. La révolution d'Octobre, en Russie, et la signature du traité de Brest-Litovsk entre les bolchéviques et les Allemands permettent à ces derniers de cesser de se battre sur deux fronts. Ils rapatrient quarante-deux divisions sur le front de l'Ouest. À partir de la fin de 1917 et dans les premiers mois de l'année 1918, ils sont donc en supériorité numérique par rapport aux Alliés. L'arrivée des premiers soldats américains est bien trop progressive pour rattraper ce déséquilibre.

Ludendorff, chef de l'armée allemande, a identifié la zone la plus fragile du dispositif allié : le point de jonction entre les armées française et britannique. Il sait qu'il a une fenêtre de tir étroite mais suffisante.

Il doit l'emporter avant l'arrivée des Américains. Un compte à rebours tragique commence. Les Allemands ont quelques mois pour vaincre. Les Alliés, quelques mois pour ne pas s'effondrer.

Effritement du moral, situation stratégique désastreuse : tel est le contexte dans lequel Clemenceau est nommé président du Conseil, avec le portefeuille de la guerre, par le président de la République Raymond Poincaré en novembre 1917.

Confronté à un pays miné par le doute, il va s'employer à le rassurer par sa fermeté. Impossible de ne pas sentir l'extraordinaire énergie qui émane de cet homme de 76 ans lorsque le 20 novembre 1917, à la Chambre des députés, il prononce sa déclaration ministérielle. J'ai gardé volontairement dans le texte qui suit la mention des réactions et des applaudissements qui permet d'imaginer comment son discours fut reçu. Il est traversé par une conviction centrale : les sacrifices des soldats, que Clemenceau visite depuis 1915 au titre de président de la commission de l'armée du Sénat, obligent le pays tout entier. Il le dit avec force dès le début de sa prise de parole :

> « Ces Français que nous fûmes contraints de jeter dans la bataille, ils ont des droits sur nous (*applaudissements prolongés*). Ils veulent qu'aucune de nos pensées ne se détourne d'eux, qu'aucun de nos actes ne

leur soit étranger. Nous leur devons tout, sans aucune réserve. »

Il y a ensuite un moment étonnant. En pleine Chambre des députés, Clemenceau va parler d'amour au terme d'un passage où il tente de montrer que la France tout entière se met déjà au diapason du sacrifice des poilus :

> « Ces silencieux soldats de l'usine, sourds aux suggestions mauvaises (*applaudissements*), ces vieux paysans courbés sur leurs terres, ces robustes femmes au labour, ces enfants qui leur apportent l'aide d'une faiblesse grave : voilà de nos poilus ! (*Nouveaux applaudissements.*) De nos poilus qui plus tard, songeant à la grande œuvre, pourront dire comme ceux des tranchées : j'en étais. Avec ceux-là aussi nous devons demeurer, faire que pour la Patrie, dépouillant nos misères, un jour, nous nous soyons aimés. S'aimer, ce n'est pas le dire, c'est le prouver (*vifs applaudissements*). Cette preuve, nous voulons essayer de la faire. Pour cette preuve, nous vous demandons de nous aider. Peut-il être un plus beau programme de gouvernement ? »

Ce vieil homme qui parle d'amour a un bâton dans la main. C'est la deuxième partie de son discours :

« Hélas il y a eu des crimes, des crimes contre la France qui appellent un prompt châtiment (*vifs applaudissements*). Nous prenons devant vous, devant le pays qui demande justice, l'engagement que justice sera faite selon la rigueur des lois. (*"Très bien ! Très bien !"*) Ni considérations de personnes, ni entraînements de passions politiques (*vifs applaudissements à gauche, au centre, à droite, interruptions sur les bancs du Parti socialiste*) ne nous détourneront du devoir ni ne nous le feront dépasser (*"Très bien ! Très bien !"*). Trop d'attentats se sont déjà soldés sur notre front par un surplus de sang français. Faiblesse serait complicité. Nous serons sans faiblesse comme sans violence. Tous les inculpés au conseil de guerre. Le soldat au prétoire, solidaire du soldat au combat. Plus de campagnes pacifistes, plus de menées allemandes. Ni trahisons, ni demi-trahisons : la guerre (*applaudissements*). Nos armées ne seront pas prises entre deux feux, la justice passe. Le pays connaîtra qu'il est défendu (*nouveaux applaudissements*). »

Le discours est formidablement accueilli par les députés et par l'opinion, même si – je le mentionne avec un peu de tristesse – le Parti socialiste ne dépose pas sa rancune à l'égard du Tigre. Sur les quatre-vingt-huit députés de la SFIO[2], soixante-quatre votent contre son investiture, vingt-quatre s'abstiennent.

Et Clemenceau va tenir parole. Il mène la chasse aux embusqués, avec le concours du secrétaire d'État à la guerre Jules Jeanneney, ce qui permet de rassembler cent mille hommes supplémentaires sous les drapeaux. Il s'agit que chacun prenne sa part, bien sûr, mais c'est aussi que l'on manque cruellement de soldats pour contenir l'armée allemande.

Vis-à-vis de ceux qu'il suspecte de défaitisme – ce qu'il assimile à une trahison –, Clemenceau se montre impitoyable. Il sollicite la levée de l'immunité parlementaire de Joseph Caillaux contre lequel les charges aujourd'hui nous semblent très minces : il est soupçonné de contacts avec des politiciens italiens germanophiles. Arrêté en janvier 1918, il passera trois ans en prison. Quant à Louis Malvy, ancien ministre de l'Intérieur, il écope de cinq ans de bannissement en Espagne.

À côté de ces mesures de fermeté, Clemenceau va faire savoir aux soldats qu'ils sont soutenus par la France entière. Ce message, il va le leur porter lui-même au cours d'innombrables visites sur le front qui occupent un tiers de son temps. Il faut imaginer ces visites exténuantes, faites de longs trajets en voiture sur des routes peu carrossables, suivies de marches à pied au milieu des bombardements. Vêtu de son éternelle capote militaire et coiffé de son emblématique calot, Clemenceau tient à aller en première ligne, là même où peu de généraux s'aventurent.

Nous possédons le récit d'une de ces visites, en janvier 1917, avant qu'il ne devienne président du Conseil. Le général Guillaumat raconte sa venue au fort de Douaumont, à Verdun, où il est arrivé après trois heures de marche : « Il s'est mis en route à travers les trous d'obus et sous un bombardement qui l'a à deux reprises éclaboussé. Il est arrivé au fort de Douaumont à la nuit, a dîné et couché sur une planche. Il en est reparti à six heures pour visiter les environs… »

Nous connaissons aussi un récit de Churchill, alors ministre des Munitions de Lloyd George, qui relate une venue de Clemenceau sur le front britannique. Le Tigre et le Lion ensemble ! Churchill, admiratif de l'énergie de son aîné, raconte que cette visite dure dix-sept heures sans que Clemenceau montre le moindre signe de fatigue…

En passant autant de temps au front, Clemenceau transmet un message aux soldats, mais aussi au pays tout entier. Chacun à son poste ; il faut tenir. Il est persuadé que dans une guerre aussi longue, l'état d'esprit fait le lit de la victoire. C'est ce qu'il dit à la Chambre des députés le 8 mars 1918 : « Le vainqueur est celui qui peut, un quart d'heure de plus que l'adversaire, croire qu'il n'est pas vaincu. »

Clemenceau fait la guerre. C'est dans le discours du 8 mars 1918 que l'on trouve la formule fameuse, après une interpellation sur sa politique intérieure : « Ma politique étrangère et ma politique intérieure c'est tout un. Politique intérieure, je fais la guerre ; politique étrangère, je fais la guerre. Je fais toujours la guerre. »

Clemenceau mène la lutte en républicain, respectueux des lois et des institutions. On l'a parfois qualifié de « dictateur ». Rien n'est plus faux. Les historiens actuels font justice de cette accusation. Pendant cette période où Clemenceau exerce le pouvoir, les prérogatives du Parlement ne sont jamais abaissées. Clemenceau vient régulièrement et sans rechigner rendre des comptes, en particulier devant la commission de l'armée du Sénat ou de l'Assemblée.

Il a mis fin aux comités secrets qui s'étaient institués au début de la guerre. Il veut s'exprimer en séance plénière pour présenter son bilan au grand jour. Chaque député est libre de l'interpeller. Et les socialistes ne s'en privent pas.

Faire la guerre en républicain signifie pour lui accepter d'être critiqué. La censure, dont il a personnellement souffert lorsqu'il était à la tête de son journal *L'Homme enchaîné* avant d'entrer au gouvernement, ne doit s'appliquer qu'aux problèmes relevant de la défense nationale. Mais n'importe qui peut attaquer la politique et les choix du président du Conseil. Un jour, un journal local l'insulte. On demande à Clemenceau s'il faut envisager des poursuites. Clemenceau n'hésite pas : « Le droit d'injurier les membres du gouvernement doit être mis hors de toute atteinte. » En temps de guerre comme en temps de paix, on ne transige pas avec la liberté.

Et c'est aussi en républicain qu'il conçoit ses relations avec les chefs de l'armée. Ses rapports avec Foch ou Pétain sont notoirement difficiles. « Il est toujours sur mon dos », soupire Foch. L'attitude de Clemenceau, raide et rêche, a été mal comprise. Ce n'est pas de l'autoritarisme, mais une question institutionnelle. Clemenceau a été élu, puis désigné par le président de la République ; pas Foch, ni Pétain. En République, le pouvoir civil, qui procède de l'élection, est au-dessus du pouvoir militaire. La ligne d'action de Clemenceau est limpide.

Mais les grands chefs militaires ne s'habituent pas au tempérament impérieux du Tigre. Clemenceau a des relations fraîches avec Pétain. Il est choqué par son pessimisme aux heures les plus difficiles du conflit, au printemps 1918. Une phrase le heurte particulièrement : « Les Allemands battront les Anglais en rase campagne, après quoi ils nous battront aussi », a laissé tomber Pétain dans un moment de découragement. Mais Clemenceau apprécie malgré tout sa prudence, et le soin qu'il prend de ses hommes.

Le tempérament plus audacieux de Foch lui convient mieux. C'est donc lui, et non Pétain, qu'il choisit pour exercer le commandement unique des Alliés. Pourtant, leurs relations deviennent progressivement détestables, en particulier au moment des discussions de paix. Foch reprochera à Clemenceau d'avoir trop cédé aux Alliés. En 1929, la publication d'entretiens posthumes où le Maréchal étrille « le Père la Victoire », poussera ce dernier à écrire ce qui sera son véritable testament politique « Grandeurs et Misères d'une victoire » où il répondra point par point à Foch. Parfois férocement.

Mais, en 1919, entre les options proposées par Foch ou par Pétain, Clemenceau navigue avec pragmatisme. « Pétain complète Foch », dit-il. Il ne se mêle pas du détail des opérations mais entend avoir son mot à dire sur les grandes décisions stratégiques. Ses visites au front lui permettent de voir comment les généraux mènent les opérations au quotidien. Il intervient dans les nominations et les promotions. Et au bout du compte, prend les bonnes décisions, défendant quand il faut défendre, attaquant quand il faut attaquer.

Le déroulement des opérations lui donne raison. Entre le 21 et le 31 mars 1918, l'armée française et les Alliés sont au bord de la rupture. Paris est à portée d'obus. Les Allemands sont près d'Amiens. Le 31 mars, enfin, ils sont repoussés. Les Allemands lancent toutes leurs forces dans la bataille. La troisième offensive allemande fin mai amène les Allemands à 60 kilomètres de Paris. On parle d'évacuer la capitale. L'armée allemande est arrêtée à Château-Thierry.

Quatrième offensive. Puis cinquième offensive, le 15 juillet, à l'est de Château-Thierry. Mais le 18, une contre-offensive française épaulée par trois cent cinquante chars montre que le vent vient de tourner. À partir de là, la situation évolue favorablement pour les Alliés. La bataille du 8 août est qualifiée par Ludendorff de « jour de deuil pour l'armée allemande ». En septembre, on sait déjà que la victoire ne peut plus changer de camp. Le 5 octobre, les Allemands demandent un armistice.

Un vif débat oppose Clemenceau à Poincaré. La guerre est gagnée mais la ligne de front n'a pas bougé. Ne vaudrait-il pas mieux porter la guerre sur le sol allemand, en particulier pour être en position de force au moment des négociations de paix ? Certains journaux français font pression en ce sens, en titrant : « À Berlin ». Clemenceau est contre. Lui dont on fait parfois un belliciste veut économiser la vie des soldats. Plus tard, on lui reprochera de ne pas avoir porté la guerre sur le territoire allemand, ne serait-ce que pour être en position encore plus favorable au moment des traités de paix. Mais il dira sur ce sujet : « Je me serais cru déshonoré si j'avais fait durer cette guerre un jour de plus qu'il n'était besoin. J'ai fait la guerre à fond pour la faire durer le moins possible. »

Le 8 novembre, les Allemands rencontrent la délégation alliée dans la clairière de Rethondes. Clemenceau est informé par télégramme et téléphone de l'évolution de la situation. Quand on lui apprend que les Allemands acceptent toutes les conditions, il laisse tomber le masque. C'est le général Mordacq, son chef de cabinet militaire, qui raconte : « À peine Clemenceau avait-il fini de lire la dépêche que je le vis me regarder fixement. Ses yeux se mouillèrent, et mettant ensuite sa tête dans ses deux mains, il se mit à pleurer silencieusement. [...] Au bout d'un court instant, il se ressaisit et s'écrie : C'est idiot, je ne suis plus maître de mes nerfs. Ce fut plus fort que moi, mais j'ai revu 70. »

L'armistice est signé dans la nuit du 10 au 11 novembre à cinq heures du matin, pour entrer en vigueur à onze heures. La suite est une succession de moments bouleversants pour Clemenceau. Accueilli dans l'hémicycle, il lit les conditions de l'armistice en concluant son discours par un hommage aux soldats et en tendant la main aux vivants : « Grâce à eux, la France, hier soldat de Dieu, aujourd'hui soldat de l'humanité, sera toujours le soldat de l'idéal. »

Dans cette guerre qui vient de s'achever, plusieurs témoignages montrent un Clemenceau submergé par ses émotions. Après ses larmes de l'armistice, il y a celles du traité de paix, signé le 28 juin dans la galerie des Glaces à Versailles. Clemenceau a demandé qu'une délégation de poilus assiste à la cérémonie. Parmi eux, cinq « gueules cassées ». Quand il les voit, des larmes coulent sur ses joues.

Clemenceau ne joue pas au surhomme. Il sait que la République a besoin d'hommes exceptionnels, pas d'hommes providentiels. Peut-être y a-t-il après tout quelque chose de républicain dans cette manière de ne pas cacher ses émotions ? ou bien la liberté suprême que Clemenceau a toujours manifestée vis-à-vis du regard des autres ? Quoi qu'il en soit, ce Tigre aux yeux mouillés des lendemains de la guerre me touche infiniment.

IV

Fidélités de Louise Michel

Je me sens si bien avec Clemenceau que je vais prolonger quelques instants le plaisir de sa compagnie. Mais sa présence dans ce chapitre n'est pas tout à fait fortuite : Clemenceau va me conduire jusqu'à Louise Michel (1830-1905). C'est par lui en effet que j'ai commencé à m'intéresser à elle, à travers un beau livre : *Georges & Louise*[1], de Michel Ragon, auteur attachant, singulier, que l'on ne saurait résumer à sa dimension de figure du mouvement libertaire tant son œuvre embrasse des thèmes et des registres variés.

Ce livre porte les stigmates de mes lectures et de mes déménagements. Fripé, froissé, corné, il a tous les symptômes d'un vieillissement accéléré. Sa reliure ne tient plus qu'à un fil. Je manie avec précaution cet ouvrage qui raconte de manière vivante et chaleureuse l'amitié entre deux êtres si dissemblables, Georges Clemenceau et Louise Michel. Après l'avoir lu, on se dit que Louise dévoile Georges autant que Georges révèle Louise. Des facettes inattendues de l'un comme de l'autre apparaissent. Mon intérêt pour Louise Michel vient de cette lecture.

La personnalité de Louise Michel, riche en contrastes, me fascine plus que ses idées. Je n'ai pas, je n'ai jamais eu de fibre anarchiste. Par ailleurs, pour un homme de ma génération, né en 1962, la mémoire de la Commune, déjà un peu tombée en désuétude, ne brillait pas d'un même éclat que chez les socialistes de la première moitié du XXe siècle pour lesquels cette référence était absolument centrale. La figure de Louise Michel ne devrait donc susciter en moi aucun écho d'autant plus que, généralement, les admirateurs de Clemenceau et ceux de Louise Michel s'excluent réciproquement car ils n'ont pas la même vision de la République. Je revendique pourtant d'aimer les deux à la fois. Louise Michel me touche pour son courage, pour ses contradictions qui soulignent l'humanité de cette incorruptible, et sans doute aussi pour son action en Nouvelle-Calédonie, une terre qui m'est chère.

Cette amitié entre le Tigre et Louise Michel est improbable. Michel Ragon raconte comment Georges Clemenceau, nommé en septembre 1870 maire du XVIIIe arrondissement, l'un des plus déshérités de Paris, entre en contact avec cette jeune institutrice qui a créé une école aux 24 de la rue Houdon. Clemenceau constate son dévouement envers des élèves qui manquent de tout. Il fournit à Louise Michel du lait, de la viande de cheval, des légumes pour sa cantine. Parfois, il lui fait passer des couvertures pour elle et pour sa mère. Il remarque qu'elle ne garde rien pour elle et redistribue tout.

Leur sollicitude envers les pauvres les rapproche. Mais aussi leurs convictions politiques. L'idée qu'il faut se battre à tout prix contre les Prussiens. Le culte de la Révolution française, modèle de lutte patriotique, et horizon politique. Après la Commune, Louise Michel déclarera devant le Conseil de guerre : « Nous n'avons jamais voulu que le triomphe des grands principes de la Révolution. »

La figure de Blanqui crée un lien supplémentaire entre eux. Louis-Auguste Blanqui (1805-1881). Surnom : « L'Enfermé ». Il passe la moitié de sa vie en prison, trente-six ans au total. Il est de toutes les conspirations, de toutes les barricades. Il défend une République égalitaire qui fera disparaître « la dernière forme de l'esclavage, le prolétariat ». Cet autre incorruptible, Louise Michel le vénère. Et Clemenceau le connaît : jeune étudiant en médecine, il est allé le visiter régulièrement dans sa prison de Sainte-Pélagie, dans le Ve arrondissement, où le Second Empire enfermait ses opposants politiques. Voilà les bases d'une amitié forte.

Ensuite, bien sûr, il y a la personnalité de chacun. Dans le livre de Michel Ragon figure une citation de Clemenceau que je trouve révélatrice de ses goûts et de ses prédilections : « Ce peuple vendéen, il a quelque chose de sauvage et de buté qui me plaît. » Il parle de la Vendée, mais cela pourrait être une évocation de Louise Michel. Clemenceau aime les forts caractères. Avec elle, il n'est pas trop mal tombé.

Il en aura la confirmation pendant les soixante-douze jours terribles que dure la Commune (18 mars-28 mai 1871). Louise Michel fait preuve d'une grande bravoure. Avec le 61e bataillon de marche de Montmartre, elle se bat au fort d'Issy, puis à la gare de Clamart, qu'elle contribue à défendre toute une nuit. Elle est sur les barricades de la semaine sanglante, du 21 au 28 mai.

Quelques témoins l'ont décrite tirant sur des soldats versaillais et tuant plusieurs d'entre eux. Elle a obtenu une carabine Remington, bien supérieure aux fusils Chassepot, après avoir démontré son habileté au tir. Cette précision fusil en main est d'ailleurs une des rares choses dont Louise Michel se vantera, elle qui s'effaçait sans cesse derrière les autres et derrière la Révolution.

Clemenceau, qui reste à Paris jusqu'au début du mois de mai, est témoin de son courage dans la bataille du fort d'Issy, où elle semble narguer la mort : « Jamais je ne la vis plus calme. Comment elle ne fut pas tuée cent fois sous mes yeux, c'est ce que je ne puis comprendre. Et je ne la vis que pendant une heure... »

Dans ses Mémoires, elle raconte sa surprise, presque sa déception, car il y a chez elle une volonté de sacrifice, de ne pas être tuée ou blessée. Avec à peine une éraflure au poignet, elle s'extrait vivante des derniers combats sur les barricades et rejoint son école de la rue Houdon. Apprenant que sa mère, qu'on a confondue avec elle, a été capturée, elle se livre aux Versaillais.

Quelques mois plus tard, elle passe devant le Conseil de guerre, le 16 décembre 1871. Jusqu'à ce moment-là, elle était une combattante parmi d'autres. C'est alors que l'anonyme de la Révolution devient son emblème. La plupart des hommes et des femmes traduits devant ce Conseil de guerre minimisent, relativisent ou réfutent leur implication dans les événements. Jouant leur peau, ils font profil bas. Car le Conseil de guerre est peu enclin à l'indulgence : il prononcera une centaine de condamnations à mort.

Louise Michel n'est pas très douée pour faire profil bas. Cette « presque Jeanne d'Arc », comme l'a surnommée Verlaine, s'avance devant le Conseil en tenue de deuil, un voile de crêpe sur le visage en souvenir de tous les morts de la Commune, et particulièrement de Théophile Ferré (1846-1871), son âme sœur en mystique révolutionnaire, fusillé quinze jours plus tôt. Ses mots tranchants comme un rasoir contrastent avec sa voix douce et claire d'institutrice. Elle ne se défausse de rien, elle assume tout. Elle s'est battue à l'égal des hommes, elle veut être jugée à l'égal des hommes. Fût-ce au prix de sa vie.

À la première question : « Qu'avez-vous à dire pour votre défense ? », elle répond : « Je ne veux pas me défendre, je ne veux pas être défendue. J'appartiens tout entière à la révolution sociale, et je déclare accepter la responsabilité de mes actes. Je l'accepte tout entière et sans restriction. »

Elle assume ce qu'elle a fait, et même ce qu'elle n'a pas fait, comme certains crimes imaginaires dont on charge la Commune. On accuse certaines femmes d'avoir été des « pétroleuses », responsables des incendies qui ont enflammé Paris, et qu'elles auraient allumés avec une petite gourde de pétrole. La presse conservatrice a complaisamment relayé des récits comme celui de Maxime du Camp, ami de Flaubert : « Aux derniers jours, toutes ces viragos belliqueuses tinrent derrière les barricades plus longtemps que les hommes. On en arrêta beaucoup, les mains noires de poudre, l'épaule meurtrie par le recul du fusil, tout émues encore de la surexcitation des batailles. »

Une grande figure intellectuelle, Édith Thomas (1909-1970), résistante (les réunions du Comité national des écrivains – rassemblement de grandes voix de la littérature hostiles à la collaboration avec l'Allemagne nazie – ont lieu à son domicile à partir de 1943), romancière, pionnière en matière d'histoire des femmes, a consacré un livre magistral à cette question. Dans *Les « Pétroleuses »* (1963), elle montre qu'il s'agit d'une pure légende urbaine. La plupart des incendies furent allumés accidentellement au cours des affrontements, et par des combattants des deux côtés. Dans quelques cas, par exemple l'incendie de la Maison de la Légion d'honneur, les communards ont propagé intentionnellement des feux pour couvrir leur retraite. Mais rien qui ait à voir avec des « pétroleuses »...

Édith Thomas montre que ce mythe traduit une représentation hystérisée de l'engagement féminin. C'est pourquoi d'ailleurs le masculin de *pétroleuse* n'existe pas : on ne connaît pas de « pétroleur ». À travers cette légende noire, on veut jeter l'opprobre sur les communardes. Une femme qui se bat comme un homme ne peut être que monstrueuse. Une déclaration terrible comme celle d'Alexandre Dumas qui montre à quel point la haine, et sans doute la peur, a atteint un point de non-retour : « Nous ne dirons rien de leurs femelles par respect pour les femmes à qui elles ressemblent quand elles sont mortes. »

Louise Michel, qui sait très bien qu'il n'y a pas eu de pétroleuses, prend quand même cette accusation sur ses épaules : « Quant à l'incendie de Paris, oui, j'y ai participé. Je voulais opposer une barrière de flammes aux envahisseurs de Versailles. Je n'ai pas eu de complices pour ce fait. J'ai agi d'après mon propre mouvement. »

Elle finit sa brève déclaration par cette phrase : « Si vous n'êtes pas des lâches, tuez-moi ! »

Sa comparution devant le tribunal militaire fit forte impression. Victor Hugo était dans le public. Il connaît Louise Michel qui, à 20 ans, n'avait qu'un désir : être poète. Hugo en était l'incarnation. Elle lui adressa des lettres-fleuves, passionnées. Une longue correspondance s'ensuivra, une rencontre mystérieuse aussi. Ce qui n'empêche pas Hugo d'être mitigé vis-à-vis de la Commune : « Une bonne chose mais mal faite », dira-t-il, laconique. Mais il s'émeut devant la répression des victimes. Il dédie à Louise Michel ce poème intitulé « Viro major », dont voici la magnifique première strophe :

« Ayant vu le massacre immense, le combat,
Le peuple sur sa croix, Paris sur son grabat,
La pitié formidable était dans tes paroles ;
Tu faisais ce que font les grandes âmes folles,
Et lasse de lutter, de rêver, de souffrir,
Tu disais : J'ai tué ! Car tu voulais mourir. »

Et un peu plus loin :

« Ceux-là[2], femme, devant ta majesté farouche,
Méditaient, et malgré l'amer pli de ta bouche,
Malgré le maudisseur qui, s'acharnant sur toi,
Te jetait tous les cris indignés de la loi,
Malgré ta voix fatale et haute qui t'accuse,
Voyaient resplendir l'ange à travers la méduse. »

Louise Michel échappe à la mort, mais pas à la déportation en Nouvelle-Calédonie, comme des milliers d'autres. Elle s'embarque le 10 août 1873 à bord du *Virginia*. Pendant son séjour, elle est institutrice à la baie de l'Ouest et se dévoue comme d'habitude aux déshérités, qui dans cette île sont les Canaques, dont elle apprend la langue. Clemenceau ne la laisse pas tomber. Il se démène, lui envoie des lettres, de l'argent. Il plaide inlassablement pour une amnistie. Louise Michel ne lui facilite pas la tâche : hors de question pour elle d'être graciée par faveur exceptionnelle. Amnistie pour tout le monde ou pour personne ! Clemenceau n'obtiendra gain de cause qu'en juillet 1880.

Une foule immense l'accueille à la gare Saint-Lazare en novembre 1880. Elle était partie blanquiste, elle revient anarchiste. Elle a lu en effet les théoriciens de ce courant de pensée, (Bakounine, Kropotkine...) et adopté le drapeau noir en signe de deuil de la Commune. Mais les socialistes révolutionnaires la reconnaissent toujours comme une des leurs. Jules

Guesde, fondateur du Parti ouvrier (1882), participe à des réunions publiques avec elle.

Cette muse des rouges et des noirs regarde le nouveau régime avec dégoût. La IIIe République ? Un cloaque. Ses mots claquent comme dix ans plus tôt les balles de sa Remington : « Cette République qui porte un masque d'honnêteté sur son visage de prostituée me fait horreur [...]. Ces choses sont déplorables et je regarde la France avec ma vieille expérience de sept ans en Nouvelle-Calédonie comme une nation pourrie aussi incapable d'avoir une vraie République que la Rome des Césars. »

Pour elle, la situation n'est pas meilleure que sous Napoléon III. Rien n'a changé sauf la couleur des masques (« Il y a toujours des souverains à la tête de nos Républiques »). La démocratie est une duperie. En janvier 1881, interrogée sur les élections, elle déclare : « Je suis anarchiste. Et je conseille aujourd'hui l'abstention. [...] Nos amis n'ont rien à faire au gouvernement tel qu'il existe. » Ou, encore plus lapidaire : « Non, camarades, rien à réformer, tout à détruire. » Plus que jamais, elle est persuadée que le pouvoir corrompt : « Dominer c'est être tyran, être dominé c'est être lâche. »

Or Georges Clemenceau, lui, joue le jeu des institutions. Il est élu député (de la Seine en 1876, du Var en

1885) et plus tard sénateur. La rupture semble donc inexorable.

Pourtant, ils vont continuer de se voir. Ils ont toujours des choses à se dire. Politiquement, les ponts ne sont pas rompus. C'est là ce qui me semble le plus fascinant : essayer de comprendre ce qui réunit Louise Michel et Georges Clemenceau à ce moment-là, plus de dix ans après la Commune.

Ce qui les rassemble encore, par-delà des routes désormais divergentes, c'est leur opposition aux républicains modérés comme Gambetta ou Jules Ferry. Louise Michel les vomit, Clemenceau les exècre. En ces années-là, qui sont pour Clemenceau des années d'opposition quasi systématique, ils se rejoignent encore sur un certain nombre de combats, comme la lutte contre la peine de mort ou la revendication de lois sociales.

Mais le plus étonnant, c'est d'observer la position de Clemenceau vis-à-vis des anarchistes. On sait qu'entre 1892 et 1894, la France est soumise à une vague d'attentats anarchistes qui la déstabilise. Le 9 décembre 1893, Auguste Vaillant lance une bombe dans la Chambre des députés. Pas de victimes, mais la répression de la IIIe République s'avère impitoyable : Vaillant est condamné à mort. Clemenceau proteste. Dans un de ses discours, il brandit un argument inattendu : les massacreurs de la Commune sont à la racine de la violence anarchiste. « Ah, vous cherchez la leçon de violence et d'anarchie ! N'allez pas plus loin, elle est là, vivant dans la mémoire des hommes. »

Et je garde pour la fin cette étonnante citation que Jules Renard rapporte dans son journal, et qui remonterait à la fin des années 1890. Clemenceau aurait dit : « Si j'avais vingt ans, je poserais une bombe sous tous les monuments publics ! » Clemenceau anarchiste ? Je n'irai pas jusque-là. Mais il y a un fonds libertaire chez lui, dont on ne prend pas toujours la mesure. Louise Michel, de toute évidence, l'avait compris. On tient peut-être là une des clés de leur amitié persistante. En creusant ce lien qui le relie à Louise Michel, on voit donc apparaître chez Clemenceau une part plus secrète. Et l'inverse est vrai également : après avoir décelé un soupçon d'anarchisme chez Clemenceau, sans doute peut-on trouver aussi un nuage de républicanisme (à la mode radicale) chez Louise Michel.

Celle-ci partage avec Clemenceau l'hostilité à la politique coloniale, et encore plus depuis son séjour en Nouvelle-Calédonie. Elle le rejoint aussi sur l'importance de l'instruction. L'un de ses slogans est « Vive la science et la liberté ». J'imagine qu'elle ne pouvait pas considérer seulement d'un mauvais œil l'œuvre d'instruction de la IIIe République. Même si, évidemment, son idée du rôle de l'enseignant l'éloigne catégoriquement d'un Ferry, d'un Buisson, et sans doute de Clemenceau : « La tâche des instituteurs, ces obscurs soldats de la civilisation, est de donner au peuple les moyens intellectuels de se révolter », assène-t-elle.

Et bien sûr, elle met aussi l'accent sur une éducation égale pour les jeunes filles, un de ses grands combats : « Les filles élevées dans la niaiserie sont désarmées tout exprès pour être trompées. » Ou : « Jamais je n'ai compris qu'il y eût un sexe pour lequel on cherchât à atrophier l'intelligence comme s'il y en avait trop dans la race. »

Mais ce qui m'intéresse le plus chez Louise Michel, c'est son rapport à la violence. La jugeait-elle nécessaire ? odieuse ? inévitable ?

J'ai raconté comment, pendant la Commune, elle fait le coup de feu contre les Versaillais, abattant plusieurs soldats ennemis. Elle dira un jour qu'elle aime l'odeur de la poudre, qu'elle compare à celle de l'encens…

Toujours pendant la Commune, on rapporte cet épisode où elle se propose pour aller assassiner Thiers à Versailles. On la raille. Comment pourrait-elle gagner Versailles si Paris est encerclée ? Elle s'habille en bourgeoise, franchit les lignes, rapporte un journal versaillais comme preuve de son exploit. Mais cela n'ira pas plus loin. Plus tard, ulcérée par Gambetta, elle s'affirmera volontaire, de nouveau, pour aller le tuer. Là encore, elle ne dépassera pas le stade des intentions et des proclamations, ce qui lui vaudra d'être appelée, par référence à la meurtrière de Marat, « une Charlotte Corday platonique ».

On connaît d'autres déclarations où elle légitime la violence. En 1886, à Decazeville, lors d'une affaire célèbre, celle du meurtre de l'ingénieur Watrin, sous-directeur de la mine, elle dit : « C'est ainsi que nous devrions nous débarrasser de tous nos exploiteurs. »

Malgré cela, impossible de faire de Louise Michel une sanguinaire. Sa légitimation de la violence reste pour une large part théorique. Pourquoi ? L'une des réponses se trouve peut-être dans son fameux passage devant le Conseil de guerre en décembre 1871. J'ai dit qu'elle s'était solidarisée de toutes les actions de la Commune... Toutes sauf une : l'exécution des deux généraux prisonniers et désarmés au début des événements. Elle affirme qu'elle n'aurait pas hésité à tirer contre eux quand ils ont voulu faire feu sur le peuple et quand ils étaient armés. À partir du moment où ils ne l'étaient plus, tout change : « Je ne comprends pas qu'on les ait fusillés et regarde cet acte comme une insigne lâcheté. »

Je discerne chez Louise Michel deux freins qui l'empêchent de passer à l'acte, en dehors de sa compassion, et – pourquoi ne pas le dire ? – de sa bonté, relevée y compris par certains de ses ennemis. D'abord, son refus de toute position de pouvoir : pour tuer, il faut le plus souvent, ne serait-ce qu'au moment où on frappe, être en position de force. Or Louise Michel, viscéralement, déteste la force et tous les abus qui en découlent. À lire son autobiographie, texte étonnant, bariolé, disparate, où les poèmes se mêlent aux souvenirs, on comprend que cette horreur de la domination s'est forgée dans son enfance en observant les mauvais traitements dont les animaux étaient victimes.

Ensuite, il y a le sentiment de l'honneur qui la guidera toujours. On ne tue pas un ennemi désarmé. La seule violence acceptable est celle du combat à la loyale. De telles limitations expliquent que sa violence soit restée « platonique ». Et finalement, c'est elle qui finira par être victime d'une tentative d'assassinat : en 1884, un individu lui tire deux balles dans la tête. Elle en réchappe de justesse. Quel médecin réclame-t-elle pour l'examiner ? Georges Clemenceau, bien sûr. Et ce dernier accourt aussitôt.

Étonnante amitié entre Clemenceau et Louise Michel... Même l'affaire Dreyfus ne les brouille pas. Elle est pourtant l'amie du journaliste Henri Rochefort, communard, compagnon d'exil, qui l'aide financièrement alors qu'il est un farouche antisémite et un antidreyfusard convaincu. Il existe, aussi et déjà, un antisémitisme anticapitaliste à gauche. Louise Michel a une aversion pour l'antisémitisme mais elle lui emprunte parfois les mêmes clichés sur les juifs et l'argent. Et puis cette « affaire entre militaires et bourgeois » n'intéresse pas les anarchistes. Elle croit sans doute en l'innocence du capitaine Dreyfus mais elle n'exprime jamais une position claire. Je crois que ce qui a contribué à ne pas les séparer définitivement tient au fait que Clemenceau restera dans l'opposition pendant toute la vie de Louise Michel. Il participe à la vie parlementaire, certes, mais n'assume pas de responsabilités gouvernementales. Il ne franchit pas l'étape ultime qui l'aurait peut-être fait entrer, selon la logique de Louise Michel, dans le cercle des infréquentables.

Elle meurt en 1905. Il est troublant d'observer qu'il va exercer le pouvoir pour la première fois de 1906 à 1909. Simple coïncidence ? Peut-être. Leur amitié aurait-elle survécu à cela ? Impossible de le dire. Ce n'est plus un sujet d'histoire, c'est un motif de rêverie.

V

Nadejda et Ossip Mandelstam
L'amour et la mémoire

Je ne me compte pas au nombre des désenchantés du communisme. Tout simplement parce que je n'ai jamais fait partie du cercle des enchantés. Je n'ai jamais été marxiste, ni séduit par la glorification de la Révolution d'octobre. Dans ma génération, cela n'était déjà plus possible. Après Prague et l'Afghanistan, après Soljenitsyne et Kundera, cela aurait supposé une aptitude à se boucher les yeux et les oreilles qui n'était décidément pas dans mon caractère. Mes premiers actes militants passent par le soutien à Solidarność et à Walesa, je me nourris des textes d'Adam Michnik.

Par ailleurs, ma connaissance, *via* l'héritage familial et mes lectures, des purges staliniennes opérées dans les rangs des républicains espagnols m'avait vacciné très tôt contre la moindre indulgence envers cette zone de l'échiquier politique. La violence et la dictature sont dans les gênes de la révolution bolchevique. Blum, ne résume-t-il pas tout dans son célèbre discours prononcé au congrès de Tours en 1920 et dans sa défense des valeurs démocratiques face au totalitarisme incarné par une doctrine de soumission au parti tout puissant qui détiendrait la vérité ? Cette idéologie, cette « barbarie à visage humain » pour reprendre le formule de Bernard-Henri Lévy conduira à des crimes de masse, à la violation des droits humains, à des millions de morts tout au long du XXe siècle.

Pourquoi a-t-il fallu attendre le rapport de Nikita Khrouchtchev en 1956 pour ouvrir les yeux sur les crimes du stalinisme ? Boris Souvarine, André Gide ou Victor Kravchenko n'avaient-ils pas dit eux aussi l'essentiel bien avant ? Et cela n'empêche pas toute une intelligentsia d'être ensuite séduite par le trotskisme, le maoïsme ou le castrisme… Évidemment, je n'ignore rien de l'apport du PCF à notre histoire, au mouvement ouvrier, à la Résistance, à la culture. Les héros des maquis ou de « l'Affiche rouge », Aragon ou Éluard, les villes de la ceinture rouge de la région parisienne, les luttes sociales font partie de notre patrimoine national. J'ai été élu pendant plusieurs années dans une ville symbole du communisme français, Argenteuil, celle de Gabriel Péri et de Rino Della Negra. Mais que d'aveuglements et de compromissions !

J'ai donc une admiration inconditionnelle pour tous ceux qui réussirent à conserver leur indépendance d'esprit à une époque de servitude et de conformisme sans équivalent dans l'histoire humaine. Je les considère comme des héros de la liberté. Dans un tel contexte totalitaire, la mort (cinquante mille fusillés par mois à l'été 1937, pendant le paroxysme de la Grande Terreur) ou l'emprisonnement (cinq millions de personnes au Goulag en 1936) guette tout opposant réel ou imaginaire. Dire le vrai, ou même simplement ne pas dire le faux, c'était risquer sa vie.

Ossip Mandelstam (1891-1938), considéré comme l'un des plus grands poètes russes du XXe siècle, fut l'un de ces héros de la liberté. J'ai voulu l'associer à sa femme Nadejda (1899-1980) car c'est ensemble qu'ils ont résisté à l'oppression stalinienne. Et c'est Nadejda qui nous a transmis une partie de ses poèmes.

L'atmosphère qui régnait dans l'URSS du début des années trente est résumée par l'expression *réalisme socialiste* officialisée en 1934 par le Congrès des écrivains. Tzvetan Todorov, dans son livre *Le Triomphe de l'artiste*[1], a bien montré à quel point cette doctrine qui accole l'observation des faits (le réalisme) à un idéal (socialiste) est une contradiction en soi. Le futur devient le présent, le non-réel devient le réel, le faux devient le vrai. Tout est brouillé, le mensonge triomphe : bienvenue chez George Orwell !

En 1934, l'air s'est raréfié depuis longtemps pour les intellectuels. Ossip Mandelstam fait partie de ceux qui auraient intérêt à faire profil bas. Non pas qu'il soit un conspirateur, ni même un anti-communiste déclaré, mais en ces années étouffantes, un artiste peut se faire condamner pour son silence ou sa tiédeur.

Il se trouve que le poète Mandelstam n'a rien écrit pour célébrer les mérites de la glorieuse révolution socialiste. Le voilà donc déjà soupçonné de trahir. D'ailleurs, sa poésie ne parle pas pour lui : trop libre, trop savante, trop nourrie d'influences françaises, italiennes, allemandes, à un moment où l'universalisme, rebaptisé « cosmopolitisme », commence à avoir mauvaise presse. Quasiment interdit de publication, il vit de traductions, de contes, et surtout de l'aide de ses amis. Il récite parfois ses poèmes en public. On lui donne en échange quelques cigarettes.

On lui reproche outre sa poésie, son comportement. Sa femme Nadejda, qu'il rencontre en 1919 (né dans une famille juive, il a 28 ans et elle, 20), dit de lui qu'on pouvait au premier abord le prendre pour un simple d'esprit. Il riait tout le temps, racontera-t-elle.

Insouciant, joyeux envers et contre tout, libre, Mandelstam inquiète ceux qui ne voudraient voir autour d'eux que des faces blêmes et des visages terrifiés. Dans l'URSS de ces années-là, un homme qui ne tremble pas est suspect. Mandelstam va faire tout le contraire. Nous sommes à l'automne 1933. La collectivisation, réalisée dans des conditions de brutalité inouïes, provoque des millions de morts.

Indigné, il compose alors une épigramme de seize vers qui cible directement le grand ordonnateur de toutes ces catastrophes : Joseph Djougachvili Staline. Alors que sa poésie est complexe, ambiguë, hermétique, ces vers qu'il écrit contre le tyran sont très clairs. Les voici dans une traduction de Michel Aucouturier :

> « Nous vivons sans sentir le pays sous nos pieds
> À dix pas notre voix ne s'entend, étouffée
> Quelques mots et l'on a le farouche
> Montagnard du Kremlin à la bouche
> Ses gros doigts sont pareils à des vers gros et gras
> Et son verbe est certain, asséné comme un poids
> De cafard, ses moustaches qui rient
> Et le cuir de ses bottes qui brillent
> Un ramas de caïds au cou mince l'entoure
> De sous-hommes il se sert et se fait une cour
> Les uns sifflent beuglent ou grognent
> Mais lui seul il tutoie il ordonne
> Tels des fers il vous forge décret sur décret
> En plein front ! dans les yeux ! Au bas-ventre ! En plein nez !
> L'échafaud il s'en fait une fête
> Vaste est l'appétit de l'Ossète. »

Chaque ligne de cette épigramme est une provocation pour Staline, y compris la mention de ses origines, ossète par son père, alors qu'il aimait se présenter en Géorgien.

Pourquoi Mandelstam a-t-il lancé contre Staline de telles flèches ?

Depuis longtemps, il parsème ses poèmes d'illusions voilées (« Seules deux couleurs n'ont pas terni sur terre/ le jaune-convoitise, le rouge-impatience »). Mais tout se passe comme si son éthique de poète lui commandait de s'avancer désormais en pleine lumière (« Qui se dérobe à son temps ne trouvera pas la paix en lui-même », écrit-il à son père).

Le témoignage de Nadejda Mandelstam, dans l'un des trois volumes de ses souvenirs, est saisissant. Elle voit dans l'attitude de son mari une forme de suicide. Se rappelant l'état d'esprit du couple, à l'automne 1933, elle note : « Nous n'avions pas d'argent, rien à manger, et le soir nous recevions une foule de visiteurs dont la moitié étaient des mouchards. La mort pouvait venir, sous forme de destruction rapide et lente. Mandelstam était un homme actif, et il a préféré une destruction rapide. »

Dans son beau livre *L'Hirondelle avant l'orage*[2], Robert Littell suit cette interprétation dans une scène dramatique qui a tous les accents de la vérité. Il imagine un dialogue entre Ossip, Nadejda et Pasternak – le poète Boris Pasternak, futur auteur du *Docteur Jivago* (1957).

Pasternak, son ami, qu'il a connu lors des obsèques de Lénine, l'exhorte à la prudence : « Si tu veux faire tomber Staline, engage-toi dans une lutte politique à long terme. » Mandelstam répond : « Je suis trop impatient pour avoir des stratégies, et je crois au pouvoir de la poésie pour déplacer des montagnes. » Nadejda soutient son mari : « Mandelstam doit être fidèle à Mandelstam, pas à Pasternak. » Ce dernier insiste pourtant : « Rends le poème plus ambigu, écris-le au sujet d'une autre figure historique. » Mais Mandelstam tient à s'avancer sans masque : « Si ce n'est pas maintenant alors quand ? Si ce n'est pas moi alors qui ? »

Mandelstam lit son épigramme à quelques proches, sans aller jusqu'à l'écrire. Tous réagissent avec effroi. Pour lui, et pour eux. Car pour chaque interlocuteur, la simple audition du poème est dangereuse. Si l'affaire s'ébruite, on pourra leur reprocher de ne pas avoir désigné aussitôt l'auteur d'un tel forfait.

De fait, Mandelstam finit par être dénoncé. En mai 1934, il est arrêté par la NKVD, la police politique, et conduit à la Loubianka, siège de cette terrible machine à reprimer. Avec l'ingénuité et le fatalisme qui le caractérisent, il ne nie même pas être l'auteur de ces vers. Brutalisé, soumis au chantage, il tente de s'ouvrir les veines avec une lame de rasoir, mais survit.

Des écrivains soviétiques ont été condamnés à mort pour bien moins que cette épigramme. Mais sans doute grâce à une intervention de Boris Pasternak auprès de Staline, Mandelstam en réchappe. La sanction « isoler mais préserver » est d'une relative mansuétude. Mais elle signifie l'exil.

Nadejda est autorisée à le suivre dans la région de Voronej, à 600 kilomètres de Moscou. Le choc de la détention, les mauvais traitements ont laissé des traces. Il a des hallucinations auditives. Sa santé s'est fragilisée. Le couple vit d'expédients et de la générosité de leurs amis. Mandelstam trouve la force d'ironiser : « Je suppose que je ne devrais pas me plaindre. J'ai la chance de vivre dans un pays où la poésie compte. On tue des gens parce qu'ils en lisent, parce qu'ils en écrivent. » Épuisé, dans un instinct de survie, il compose l'*Ode à Staline*, un texte artificiel et forcé : « Les regards de Staline ont écarté les montagnes et aux lointains la plaine a cligné des yeux… » Écrit « la corde au cou » selon Nadejda, il ne sera jamais publié.

Le répit sera de courte durée. En 1938, Mandelstam, de retour à Moscou, est de nouveau arrêté et condamné à cinq ans de camp pour « propagande antisoviétique ». Dans l'état de fragilité physique qui l'affecte désormais, cela équivaut à le condamner à mort. Il décède dans des circonstances obscures, en Sibérie, à 47 ans.

Mandelstam disparu, il restait à sauver ses poèmes. Ce fut le combat de Nadejda. Elle avait été associée à l'œuvre de son mari dès l'origine, puisque Mandelstam ne séparait pas poésie et amour. Et l'amour d'Ossip pour Nadejda fut brûlant, comme en attestent leurs lettres, notamment celles de 1926, quand ils furent momentanément séparés. Ce sont des échanges bouleversants, où Mandelstam s'adresse à sa femme en inventant des diminutifs : « Oisillon, mon doux écureuil, chaque soir je me dis en m'endormant : sauve, seigneur, ma Nadinka ! l'amour nous protège, Nadia. Rien ne nous fait peur. Ma joie ! [...] » Indissociable de la poésie de son mari, Nadejda l'était aussi dans le processus concret de l'écriture. C'est elle qui prenait en note les vers qu'il lui dictait, avant de les taper ensuite. Quand Mandelstam devint suspect, elle distribua les poèmes chez plusieurs de leurs amis après les avoir appris par cœur, au cas où ils seraient retrouvés et détruits. Anna Akhmatova, une des plus grandes poétesses russes du XXᵉ siècle amie du couple, disait avec humour que le stalinisme les faisait revenir à l'ère pré-Gutenberg...

Après la mort de Mandelstam, Nadejda continua d'apprendre et de réciter tous les jours les poèmes de son mari. Dans ses Mémoires, *Contre tout espoir. Souvenirs* (1972), elle écrit : « Le sens de la vie avait cédé la place à un but concret : ne pas laisser effacer les traces laissées sur terre par cet homme [...] et sauver ses poèmes. » Ou encore cette phrase magnifique : « Lorsqu'il est sorti de ma vie, moi qui étais morte aussi, j'ai vécu des étincelles de joie contenues dans ses vers. »

Dans sa préface à *Contre tout espoir*, le poète russe Joseph Brodsky fait l'hypothèse que cette remémoration quotidienne l'a sans doute rapprochée de son mari. En répétant ses vers, non seulement elle sauvait ce qu'il avait de plus précieux, non seulement elle lui rendait hommage, mais elle le comprenait mieux. Les mots d'Ossip devenaient sa chair et ses os : « S'il existe un substitut à l'amour, c'est la mémoire », résume Brodsky – qui l'avait rencontré dans les années soixante – dans sa belle préface. De plus, en agissant ainsi, elle suivait son désir le plus profond : « Mandelstam dit dans un de ses poèmes que ses lèvres ne peuvent lui être retirées et qu'elles continueront à remuer même une fois qu'il sera mort et enterré. »

Mais cette mémoire… C'était aussi un témoignage sur ce qui s'était passé, sur ces années de faim, de peur et de mensonges, qu'il ne fallait pas oublier si l'on voulait préserver la chance de reconstruire un monde un peu meilleur. « La perte d'une mémoire honnête, non falsifiée, équivaut à la perte de sens du réel », note-t-elle dans *Contre tout espoir*.

Nadejda Mandelstam est morte en 1980. Autant par amour pour son mari que par devoir envers la société, elle était devenue gardienne de la mémoire.

VI

Malraux contre le manichéisme

La guerre civile espagnole a été au cœur d'innombrables discussions familiales. Mon père, le peintre espagnol Xavier Valls, évoquait volontiers le sujet. Il était arrivé en France en 1949, grâce à une bourse de l'Institut français de Barcelone. Les circonstances de la vie ont transformé en établissement définitif ce séjour provisoire.

Adolescent à Barcelone entre 1936-1939, mon père n'a pas directement participé aux événements. Mais deux de ses frères avaient rejoint les rangs de l'armée républicaine. Et son père – mon grand-père, donc – fut pris dans les soubresauts de cette guerre civile. À travers son expérience s'est constituée une partie de la tradition familiale sur cette période, qui m'a été ensuite transmise.

Mon grand-père était un catholique, un croyant sincère, un homme bon et modéré que les violences des franquistes révulsaient. Il dirigeait un journal en catalan, *El Mati* (Le Matin), l'un des premiers à dénoncer les dangers de l'arrivée au pouvoir d'Hitler. Dans une guerre civile, il n'y a pas de place pour les modérés : il eut à subir des mesures de rétorsion de la part des deux camps. D'abord du côté républicain, qui réquisitionna son imprimerie pour la mettre au service du Parti communiste. Et ensuite, après la chute de Barcelone (janvier 1939) du côté franquiste, qui lui interdit d'exercer sa profession de journaliste pour catalanisme.

La mémoire familiale m'a transmis un certain nombre d'anecdotes. Par exemple que sous la République, mon père avait été témoin de l'assassinat de deux personnes, prises à partie et tuées pour leur allure bourgeoise et la cravate qu'elles arboraient. On disait aussi que la famille avait accueilli et protégé à son domicile le curé de la paroisse, poursuivi par les anarchistes de la FAI (Fédération anarchiste ibérique).

Tous ces souvenirs étaient parfois évoqués lors de débats passionnés, en particulier quand mon père accueillait ses amis, parmi lesquels beaucoup d'Espagnols exilés, comme José Bergamín, proche d'André Malraux, qui préfaça en 1972 son ouvrage *Le Clou brûlant.*

Je suis donc très tôt immergé dans un bain de lectures, de discussions, de débats autour de la guerre d'Espagne. Mon père, admirateur de Malraux, me fait lire *La Condition humaine* (1933), et bien sûr *L'Espoir* (1937), son grand roman sur la guerre civile espagnole. Je me souviens aussi d'avoir vu le film qu'il en avait tiré, *Espoir, sierra de Teruel*[1] (1938-1939), avec Geneviève de Gaulle-Anthonioz, nièce du général, résistante et déportée, amie de ma famille, et qui avait été la collaboratrice de Malraux.

De ces lectures, de ces discussions familiales, je retire très tôt un élixir de nuances. J'apprends à avoir une vision non manichéenne de cet événement complexe. Je comprends que la guerre civile ne peut se résumer à l'affrontement des bons (les républicains) contre les salauds (les franquistes). Je réalise qu'il y a eu des atrocités commises des deux côtés, même si évidemment, la balance n'est pas égale entre les deux camps : Paul Preston, le grand historien anglais de la guerre civile, estime à cent trente ou cent cinquante mille le nombre de victimes de la répression franquiste.

Ce refus d'une vision en noir et blanc des événements me marque, me structure. Il devient presque un réflexe lorsque par la suite, je suis confronté à des débats politiques ou moraux. Je considère cette méfiance envers tous les manichéismes comme un héritage familial. Mais j'en trouve aussi la trace dans le chef-d'œuvre de Malraux, *L'Espoir*, souvent décrit comme un roman à thèse, voire comme un roman communiste. Je pense que c'est faux. Je pense même que c'est tout le contraire.

Mais d'abord, quelques mots sur André Malraux aviateur, sur la manière dont je perçois son engagement dans la guerre d'Espagne, et le courage qui fut le sien. Je sais qu'il est devenu fréquent d'ironiser sur Malraux, décrit parfois comme un mythomane pathologique. Et j'admets que son rapport à la vérité passe souvent par le tamis de ses exigences de créateur. Dans *La Condition humaine*, l'un de ses personnages l'avoue : « Ce n'était ni vrai, ni faux, c'était vécu. »

Il est facile d'épingler Malraux, de le prendre en flagrant délit de transfiguration romanesque sur maints épisodes de sa vie. Rien ne l'obligeait à venir en Espagne. Personne ne lui aurait reproché de s'engager pour la République espagnole – par des réunions publiques, des articles, des conférences – tout en restant à Paris. Il aurait pris bien moins de risques et serait peut-être devenu une autorité morale comparable à celle de son ami André Gide.

Il a voulu faire plus que cela, et mettre ses actes à la hauteur de ses mots. Après le coup d'État de Franco en juillet 1936, il entreprend de servir la cause républicaine espagnole en parfaite cohérence avec ses personnages qui martèlent : « Un homme est ce qu'il fait, pas ce qu'il dit. »

À partir de juillet 1936, en liaison avec Pierre Cot, ministre de l'Air du Front populaire, et Jean Moulin, son chef de cabinet, il devient le leader charismatique d'une escadrille internationale composée de mercenaires et de volontaires. C'est l'escadrille España.

Si l'on suit Olivier Todd[2], biographe méticuleux et méfiant de l'écrivain, l'entreprise reste au fond assez modeste : à partir de septembre, Malraux ne dispose plus que de cinq bombardiers et six chasseurs en état de fonctionnement. En sept mois d'action, d'août 1936 à janvier 1937, l'escadrille aurait accompli au moins vingt-trois missions (les vols de reconnaissance ne sont pas comptabilisés). Le 16 août, elle bombarde une colonne franquiste près de Medellín. La progression est ralentie pendant deux jours. Cette victoire, la plus médiatisée de toute l'épopée espagnole de Malraux, n'était donc pas la bataille de la Marne, ainsi que le commente Olivier Todd.

Quant au rôle effectif de Malraux, on veut bien croire qu'il n'ait pas fait de prouesses mitrailleuse en main. Rien ne prouvait qu'il ait eu une vision stratégique très claire de l'utilisation de son escadrille. Du reste, le leader opérationnel de l'opération était un certain Abel Guidez, pilote qualifié, officier dans l'armée française.

Mais alors, à quoi sert le colonel Malraux ? Il fait l'intermédiaire entre les gouvernements espagnol et français. Mais aussi et surtout, il est là. Sa présence est régulière à bord des avions. Parfois, exceptionnellement, il prend le poste d'un des mitrailleurs. Le plus souvent, il se contente d'être auprès des pilotes. Il embarque dans des avions dont certains, les Potez, sont qualifiés de « cercueils volants » pour leur fâcheuse propension à s'écraser au décollage. Parmi les témoins qui ont livré un récit de leur expérience auprès de Malraux, plusieurs ont contesté ses compétences. Aucun n'a remis en cause son courage.

Cependant, on peut s'interroger : quelle fut l'efficacité concrète de ce courage ? Et que vaut un courage inefficace ?

Ce sont des interrogations qui semblent avoir taraudé Malraux lui-même. De nombreux passages de *L'Espoir*, écrit à chaud dans les mois qui suivirent, s'en font l'écho. Dès le début, l'un des personnages, Puig, formule une de ces phrases lapidaires comme une sentence romaine : « L'héroïsme qui n'est que l'imitation de l'héroïsme ne mène à rien. »

Un peu plus loin, Puig l'anarchiste discute avec Ximénès le catholique, colonel de la garde civile resté fidèle à la République. Tout dans leurs valeurs oppose ces deux hommes. Mais ils se rejoignent sur leur courage. Le narrateur commente : « Pour Ximénès comme pour Puig, le courage aussi était une patrie. »

Le courage est beau, nécessaire, et le rassemblement des courages concourt à la révélation de la fraternité. Mais est-ce suffisant ? Le communiste Garcia, vers le milieu du roman, laisse tomber cette phrase sèche et énigmatique : « Toute action est manichéenne. » Il veut dire sans doute que tout courage qui n'est pas organisé est dilapidé. Il faut canaliser ce courage vers une direction précise qui est, dans l'esprit de Garcia, celle que fixe le Parti communiste.

C'est l'opinion d'un autre communiste du roman, Manuel Carrache, jeune chef révolutionnaire : « Le courage est une chose qui s'organise, qui vit et qui meurt [...]. Le courage individuel, ça n'est pas plus qu'une bonne matière première pour le courage des troupes. » Mais pour organiser le courage, il faut accepter l'autorité. C'est là qu'anarchistes et communistes se séparent. Manuel Carrache formule ainsi le problème : « La haine de l'autorité en soi, [...] c'est une maladie. Des souvenirs d'enfance. Il faut dépasser ça. » On sent que Malraux, profondément divisé, s'interroge à travers ces personnages qui expriment chacun une facette de lui-même.

Je trouve remarquable dans *L'Espoir* que d'une certaine façon, Malraux l'homme d'action s'oppose à Malraux l'écrivain. Le chef d'escadrille tente de se persuader que toute action doit être manichéenne ; le romancier fait tout le contraire.

Car *L'Espoir* n'est pas un roman à thèse. Il suffit de voir comment Sils, surnommé le Négus, autre anarchiste du roman, règle son compte au communiste Garcia : « Vous êtes devenus des curés. Je ne dis pas que le communisme est devenu une religion ; mais je dis que les communistes sont en train de devenir des curés. […] Vous êtes bouffés par le Parti. Bouffés par la discipline. Bouffé par la complicité : pour celui qui n'est pas des vôtres vous n'avez plus ni honnêteté, ni devoirs, ni rien. »

Dans *L'Espoir*, la position des anarchistes n'est jamais caricaturée. Et celle des chrétiens non plus. En témoigne ce dialogue entre Puig l'anarchiste et Ximénès le chrétien :

> « On n'enseigne pas à tendre l'autre joue à des gens qui depuis deux mille ans n'ont jamais reçu que des gifles […].
> – Et le Christ ?
> – C'est un anarchiste qui a réussi. C'est le seul. »

Un autre reproche adressé à Malraux fut son silence sur les crimes commis par les Staliniens à l'égard de leurs opposants du POUM[3] ou sur les crimes républicains envers les nationalistes. Jean Lacouture, un de ses premiers biographes, l'a regretté : « Il y a certaines paroles de Malraux sur ce sujet qui nous manqueront toujours. »

Pourtant, certains passages de *L'Espoir* suggèrent que les républicains sont gangrenés eux aussi par la violence aveugle. Dans le livre figure cette scène inoubliable et cruelle, peut-être observée par Malraux lui-même. Trois hommes sont fusillés par les républicains. Un autre républicain arrive. Il trempe son doigt dans leur sang et inscrit sur un mur *Meure le fascisme.* Manuel Carragne, le jeune dirigeant communiste, témoin du drame, est horrifié par la sauvagerie de cet homme. Cela n'entame pas sa résolution de combattre le fascisme : « Il faut faire la nouvelle Espagne contre l'un et contre l'autre, pensa-t-il. »

Malraux a compris, plus rapidement et plus clairement que beaucoup de monde, que l'Espagne n'était pas seulement un terrain d'entraînement pour l'aviation italienne et allemande, mais qu'elle était aussi et surtout un galop d'essai pour les valeurs fascistes : haine de l'intelligence, abaissement de la raison, détestation de la démocratie, fascination pour la violence.

On le voit dans ce passage où il relate les circonstances authentiques, que j'ai déjà évoquées en introduction, dans lesquelles Miguel de Unamuno, un des plus grands philosophes et écrivains espagnols, fut chassé de l'université de Salamanque (octobre 1936) après un discours sur l'unité culturelle de l'Espagne interrompu aux cris de « *Viva la muerte !* » et « *Abajo la inteligencia !* ». Sa réponse aux vociférations de haine tient en une formule : « Vaincre n'est pas convaincre ». Unamuno sort sous les menaces des militaires. Lui qui, dans les premiers jours, avait exprimé sa sympathie pour le soulèvement franquiste face au désordre de la République sera destitué de son titre et de ses fonctions de recteur de l'université, et consigné à son domicile. Brisé, il y mourra deux mois plus tard.

Quand on lit *L'Espoir*, on a l'impression d'une réponse à cet écrasement de l'intelligence par la force brute. Le livre est jalonné de discussions où chacun est libre d'exprimer sa position et où chacun prend le temps de le faire. On y parle autant qu'on s'y bat. Et l'on s'écoute entre clans opposés. Une éthique de la discussion – on pourrait dire, au fond, une éthique démocratique – imprègne des pages où n'apparaissent que des personnages qui réfléchissent et qui doutent.

Qui a raison ? Qui a tort ? Malraux ne donne aucune explication univoque, aucune solution toute faite. Il parie sur la compréhension du lecteur. Quand les fascistes hurlent « À bas l'intelligence ! », lui la célèbre avec éclat.

J'admire Malraux pour son courage et pour sa lucidité. Sur la guerre d'Espagne, il a vu juste. Il a compris très vite que ce qui se jouait en Espagne dépassait les frontières de ce pays et concernait les valeurs essentielles de l'Europe. Dans le même temps, il s'est rendu compte que les démocraties n'étaient pas à la hauteur des enjeux.

Cela apparaît dans un des passages extraordinaires du livre. Shade, correspondant d'un journal américain qui n'est pas nommé, téléphone son article depuis un Madrid bombardé, en flammes, tandis que des explosions se rapprochent dangereusement de lui. Voici la fin de cet article dicté sous les bombes :

> « Pendant que j'écris ceci, des obus éclatent de minute en minute sur les quartiers pauvres, dans l'heure indécise du soir, la lueur des incendies est si forte qu'en cet instant, devant moi, le jour tombe sur une nuit couleur de vin.
>
> Le destin lève son rideau de fumée pour la répétition générale de la prochaine guerre : compagnons américains, à bas l'Europe !
>
> Sachons ce que nous voulons.
>
> Quand un communiste parle dans une assemblée internationale, il met le poing sur la table. Quand un fasciste parle dans une assemblée internationale, il met les pieds sur la table. Quand un démocrate – Américain, Anglais, Français – parle dans une assemblée internationale, il se gratte la nuque et il pose des questions.
>
> Les fascistes ont aidé les fascistes, les communistes ont aidé les communistes, et même la démocratie espagnole ; les démocraties n'aident pas les démocraties.

Nous, démocrates, nous croyons à tout, sauf à nous-mêmes.

Si un État fasciste disposait de la force des États-Unis, de l'Angleterre, et de la France réunis, nous en serions terrifiés. Mais comme c'est notre force, nous n'y croyons pas.

Sachons ce que nous voulons. Ou bien nous disons aux fascistes : hors d'ici, sinon vous allez nous y rencontrer – et la même phrase le lendemain aux communistes si besoin est.

Ou bien, nous disons, une bonne fois : À bas l'Europe. »

Qu'ajouter à ça ?

VII

De Gaulle-Churchill
Deux discours de 1940

Le 6 novembre 1958, le général Charles de Gaulle (1890-1970), président du Conseil, installé à l'hôtel Matignon, reçoit Winston Churchill (1874-1965) pour le décorer de la Croix de Lorraine.

Il prononce ces paroles brèves et fortes : « Je tiens à ce que Sir Winston Churchill sache ceci : la cérémonie d'aujourd'hui signifie que la France sait ce qu'elle lui doit. Je tiens à ce qu'il sache ceci : celui qui vient d'avoir l'honneur de le décorer l'estime et l'admire plus que jamais. »

Les deux hommes passent en revue les troupes. Winston Churchill procède à l'anglaise, en prenant le temps de regarder chaque soldat dans les yeux. Charles de Gaulle, obligé pour suivre son rythme de s'arrêter tous les quatre mètres, s'impatiente un peu.

Ensuite, ils prennent l'ascenseur pour le premier étage, où quelques cigares et du champagne attendent Sir Winston. Pendant le déjeuner, Churchill, diminué par l'âge ou entamé par l'alcool, égrène quelques anecdotes légèrement décousues.

Il m'est arrivé quelquefois de repenser à cette rencontre lorsque j'étais à Matignon, en particulier lorsque j'empruntais le minuscule ascenseur dans lequel Churchill était monté et qui existe toujours. De Gaulle et Churchill me passionnent séparément. Ensemble, ils me fascinent.

Leurs relations sont complexes. Dès leur rencontre, dans les circonstances dramatiques de la campagne de France, ils se reconnaissent l'un et l'autre comme deux êtres respirant à la même altitude. Malgré cela, que de différences dans les tempéraments ! De Gaulle a un jour qualifié Churchill de « romantique », ce qui dans sa bouche n'était pas un compliment mais plutôt un équivalent euphémisé de « fantasque ». Le Britannique, à la larme facile, est plus expansif que le Français, qualifié un jour de « passionné à froid » par l'ambassadeur anglais Edward Spears.

Il faudrait des pages et des pages pour démêler l'écheveau des relations personnelles entre de Gaulle et Churchill, deux hommes qui s'admiraient tant et se supportaient si peu. Je crois que ce qui les rapprochait profondément était leur rapport au passé, et leur rapport aux mots.

Chez les deux hommes, on retrouve cette attention portée au langage. Dans sa magistrale biographie *De Gaulle. Une certaine idée de la France*[1], l'historien américain Julian Jackson a cité des propos très révélateurs du Général lors d'une interview donnée peu de temps avant sa mort : « Les choses que je veux faire savoir, que je trouve importantes, j'y pense souvent. Je les écris toutes. Je les apprends par cœur. Je travaille beaucoup et longuement. Je me donne un mal de chien et je les récite parce que je veux qu'on les sache. [...] Ce sont les seules choses qui ont de l'importance à mes yeux. »

Si l'on porte le regard sur Churchill, c'est la même chose. On sait qu'il a commencé sa vie comme correspondant de guerre, maniant la plume aussi bien que le revolver, et qu'il avait travaillé dès 1897 à un projet d'ouvrage, jamais publié, intitulé *La Charpente de la rhétorique*, et qui portait sur les conditions d'efficacité de la parole. Cet intérêt pour le pouvoir des mots allait durer toute sa vie. Dans un de ses discours assez peu cité de la fin des années trente, je trouve ces phrases révélatrices : « Les mots sont la seule chose qui dure éternellement. Les monuments les plus impressionnants et les prodiges de la technique s'écroulent sous le poids des ans. Les pyramides se délitent, les ponts rouillent, les canaux s'engorgent, les voies de chemin de fer sont envahies par les herbes – mais les mots prononcés il y a deux ou trois mille ans sont encore là, non pas comme de simples reliques du passé, mais avec toute la vitalité de leur force d'origine. »

En 1940, ces deux hommes persuadés de la force du langage et des mots prononcent chacun leur discours le plus marquant, l'un en mai (celui du « sang, de la peine, de la sueur et des larmes »), l'autre en juin (l'Appel) : un peu plus d'un mois d'écart sépare ces deux grands moments d'éloquence. Alors que l'armée allemande est en train de déferler sur l'Europe, ils visent à insuffler courage et espérance à leur peuple. Ce sont des harangues qui ont façonné l'Histoire, mais aussi deux modèles de rhétorique démocratique.

À rebours de la chronologie, commençons par l'appel du 18 Juin. C'est un discours que chacun croit connaître tant il est une pièce essentielle de notre patrimoine historique. Pourtant, que de zones d'ombre !

Il faut reprendre le fil des événements pour en saisir la logique. Le 16 juin, de Gaulle a appris la démission de Paul Reynaud, président du Conseil, et l'arrivée au pouvoir de Pétain. Tout indique que celui-ci va demander un armistice au mépris de l'accord qui lie la France à l'Angleterre, interdisant toute paix séparée. Il sait que Georges Mandel, partisan de la poursuite des combats, craint d'être arrêté et peut craindre le même sort. Quelques jours avant, le ministre de l'Intérieur et ancien chef de cabinet de Clemenceau lui a dit : « Vous avez de grands devoirs à accomplir, Général, mais avec l'avantage d'être au milieu de nous tous un homme intact… ne pensez qu'à ce qui doit être fait pour la France, et songez que, le cas échéant, votre fonction actuelle pourrait vous faciliter les choses. »

Le 17 juin à neuf heures du matin, de Gaulle monte dans l'avion de l'ambassadeur anglais Edward Spears avec son aide de camp Geoffroy Chodron de Courcel. Chacun des deux hommes n'a droit qu'à deux valises. L'avion est minuscule, indique Julian Jackson, si minuscule qu'il faut attacher les bagages à l'extérieur au moyen d'une corde.

Une fois arrivé à Londres, de Gaulle rencontre Churchill qui met la BBC à sa disposition. La suite est racontée ainsi dans les *Mémoires de guerre* (1954-1959) : « Nous convînmes que je l'utiliserais[2] lorsque le gouvernement Pétain aurait demandé l'armistice. Or, dans la soirée même, on apprit qu'il l'avait fait. Le lendemain à 18 heures, je lus au micro le texte que l'on connaît. »

À suivre de Gaulle, les événements s'enchaînent avec fluidité. Or, nombreux furent les points d'achoppement. Le Général aurait pu parler dès le 17 juin au soir plutôt que le 18, jour qui offrait en outre l'inconvénient – ce n'est pas anecdotique dans un tel contexte – d'être celui du 125e anniversaire de la bataille de Waterloo.

Mais les atermoiements du gouvernement britannique vont dicter le tempo.

En effet, le cabinet de guerre, où se retrouvent des personnalités comme Lord Halifax, secrétaire d'État des Affaires étrangères, ou Neville Chamberlain, Premier ministre du Royaume-Uni jusqu'en mai 1940 – avec lesquelles Churchill doit compter –, hésite. Certes, l'initiative de De Gaulle n'est pas négligeable ; en attendant des figures politiques ou militaires plus importantes, il peut attirer et coordonner les Français désireux de se battre. Mais dans le même temps, s'il existe une chance de s'entendre avec le nouveau gouvernement Pétain, en particulier sur le devenir de la flotte française, il faut la tenter. Telle est donc la perspective anglaise : dans une situation encore confuse – les conditions de l'armistice ne seront connues que le 22 juin –, il entend maintenir plusieurs fers au feu. Le discours de De Gaulle doit donc ménager le gouvernement de Pétain.

Du point de vue du Général, l'objectif est tout différent. Pour une large part, l'appel du 18 Juin est une réponse au discours de résignation chevrotante prononcé la veille par le maréchal Pétain (le tristement célèbre « Je fais à la France le don de ma personne pour atténuer son malheur »). Or le discours de Pétain commence par un éloge de l'armée française, comme pour se justifier d'avoir trahi son engagement de solidarité avec les Anglais : « Sûr de l'affection de notre admirable armée. [...] Sûr que par sa magnifique résistance, elle a rempli nos devoirs vis-à-vis des alliés. »

Ce terme de *résistance* dans la bouche de Pétain, de Gaulle va le reprendre à dessein dans une des phrases les plus fortes de l'Appel : « La flamme de la résistance française ne doit pas s'éteindre et ne s'éteindra pas. » Il s'agit ici, bien sûr, de résistance dans le sens militaire, et nullement d'une référence aux mouvements de combat clandestins qui se constitueront par la suite. Mais l'on voit bien que dès le départ, de Gaulle prend le contrepied de Pétain. Il est celui qui dit non face à celui qui dit oui. Il est l'homme du refus face à celui de la compromission. Aucun accord n'est possible ni pensable entre les deux. La résurgence de la thèse rancie du glaive et du bouclier, celle d'un pacte tacite entre l'homme de Vichy et l'homme de Londres, m'oblige à énoncer les choses avec netteté. Car il en est des contrevérités comme des mauvaises herbes : elles résistent à presque tout et nécessitent un travail régulier d'éradication.

Je me bornerai simplement à rappeler les paroles de de Gaulle lui-même. Dans les années cinquante, lorsque le colonel Rémy, ancien chef du BCRA[3] de la France libre, commencera à évoquer cette soi-disant connivence entre la « corde Pétain » et « la corde de Gaulle » il sera désavoué par ce dernier, et devra démissionner du RPF[4]. Dans son excellent livre *La Falsification de l'Histoire. Éric Zemmour, l'extrême droite, Vichy et les juifs*, Laurent Joly cite une lettre de De Gaulle adressée le 4 mai 1950 à Louis de La Bardonnie, résistant de la première heure, fondateur du réseau Confrérie Notre-Dame, dont les mots sont limpides : « Il me paraît presque incroyable que quelqu'un comme lui et qui fut aussi près de moi puisse mettre sur le même plan ce que nous avons fait, c'est-à-dire au total la guerre, et ce que Vichy a fait, c'est-à-dire au total, la capitulation. »

Si l'on revient au discours du 18 juin 1940, on trouve, en examinant les différentes versions, la trace de cette opposition irréductible dans les phrases de De Gaulle. Dans sa première version, il se montre cinglant envers Pétain : « Ces chefs, qui depuis de nombreuses années, sont à la tête des armées françaises ont formé un gouvernement. Ce gouvernement, alléguant la défaite de nos armées, s'est mis en rapport avec l'ennemi pour cesser le combat. » Derrière ce « alléguant la défaite » flotte une transparente accusation : celle d'incompétence, de défaitisme et de déshonneur.

Mais le gouvernement britannique ne peut se permettre de rompre avec Vichy. Peut-être pourrait-il s'entendre avec lui pour récupérer une partie de la flotte française, l'obsession des Anglais ? On demande donc à de Gaulle d'atténuer la sécheresse de ses formules. Des négociations ont lieu. Leur détail est mal connu. En tout cas, dans la version qu'il prononce à la BBC après 18 heures et diffusée à 20 heures en France, les passages suggérant le déshonneur de Pétain ont été gommés. Et une concession supplémentaire a été faite. Au lieu d'apparaître comme le chef légitime de tous ceux qui se battent au nom de la vraie France, il doit se contenter d'une formule vague qui ménage l'avenir : les officiers français sont invités à « se mettre en rapport » avec le général de Gaulle.

Les tractations continuent. Dans la soirée, de Gaulle regagne une partie du terrain perdu. La version transmise aux journaux britanniques et français (de la zone libre) retrouve du mordant. C'est ce texte « canonique » qui paraîtra dans les journaux du 19 juin et figure dans tous les livres d'histoire. Le voici :

> « Les chefs, qui depuis de nombreuses années sont à la tête des armées françaises, ont formé un gouvernement. Ce gouvernement, alléguant la défaite de nos armées, s'est mis en rapport avec l'ennemi pour cesser le combat. Certes nous avons été, nous sommes submergés par la force mécanique terrestre et aérienne de l'ennemi. Infiniment plus que leur nombre, ce sont les chars, les avions, la tactique des Allemands qui nous font reculer. Ce sont les chars, les avions, la tactique des Allemands qui ont surpris nos chefs au point de les amener là où ils en sont aujourd'hui.

Mais le dernier mot est-il dit ? l'espérance doit-elle disparaître ? la défaite est-elle définitive ? Non !

Croyez-moi, moi qui vous parle en connaissance de cause et vous dis que rien n'est perdu pour la France. Les mêmes moyens qui nous ont vaincu peuvent faire venir un jour la victoire.

Car la France n'est pas seule ! Elle n'est pas seule ! Elle n'est pas seule ! Elle a un vaste empire derrière elle. Elle peut faire bloc avec l'empire britannique qui tient la mer et continue la lutte. Elle peut, comme l'Angleterre, utiliser sans limites l'immense industrie des États-Unis.

Cette guerre n'est pas limitée au territoire de notre malheureux pays. Cette guerre n'est pas tranchée par la bataille de France. Cette guerre est une guerre mondiale ; toutes les fautes, tous les retards, toutes les souffrances n'empêchent pas qu'il y a dans l'univers tous les moyens pour écraser un jour nos ennemis.

Foudroyés aujourd'hui par la force mécanique, nous pourrons vaincre dans l'avenir par une force mécanique supérieure. Le destin du monde est là.

Moi, général de Gaulle, actuellement à Londres, j'invite les officiers et les soldats français qui se trouvent en territoire britannique ou qui viendraient à s'y trouver, à se mettre en rapport avec moi.

Quoi qu'il arrive, la flamme de la résistance française ne doit pas s'éteindre et ne s'éteindra pas. Demain, comme aujourd'hui, je parlerai à la radio de Londres. »

Une première remarque : la phrase « la France a perdu une bataille, mais n'a pas perdu la guerre » ne figure pas dans cette version : elle sera imprimée sur des affiches placardées sur les murs de Londres, un mois plus tard, pour faire connaître la personne et l'action du général de Gaulle.

À relire ces lignes plus de quatre-vingts ans après, je les trouve vibrantes, mais pas incantatoires. De Gaulle ne maudit pas, ne vitupère pas, il explique. Il donne un horizon stratégique et diplomatique pour l'avenir. Il montre que les causes de la défaite, une tactique et une force mécanique supérieures du côté allemand, peuvent devenir bientôt les raisons de la victoire : dès lors que des moyens matériels supérieurs, dans le cadre d'une guerre mondiale, submergeront l'ennemi.

La forme est aussi intéressante que le fond. De nombreuses phrases se terminent par un point d'exclamation, à commencer par le spectaculaire : « la défaite est-elle définitive ? Non ! », qui impose de Gaulle, dès lors, comme l'homme du refus de la défaite, et Pétain, par contraste, comme celui de l'acceptation et de la compromission.

Je relève aussi, en relisant ce discours, la répétition spectaculaire – trois fois ! – de « la France n'est pas seule ! Elle n'est pas seule ! Elle n'est pas seule ! ». On dirait quelqu'un qui tape du poing sur la table. C'est un chef qui s'exprime. Ainsi cette autorité que les Britanniques lui mesurent avec tant de parcimonie circule-t-elle dans chaque phrase, chaque mot, chaque ponctuation de ce discours.

L'Appel vise à redonner une lumière d'espérance aux Français déboussolés. Il entend opérer une sorte de transfusion d'énergie et de courage. Cette volonté s'enracine, chez de Gaulle, dans une conviction forte : une guerre se perd ou se gagne sur l'état d'esprit.

C'est en Allemagne, en 1918, alors qu'il tente de s'évader pour la cinquième fois, qu'il se forge cette certitude. Avant d'être rattrapé et repris – sa haute taille n'étant pas le meilleur atout pour se fondre dans la masse –, il a le temps d'observer les Allemands en proie au découragement : les déserteurs ne se cachent plus, et la population empêche les renforts de rejoindre le front.

Deux ans plus tard, alors qu'il est en Pologne et que l'armée de ce pays doit affronter les Russes, les troupes du général Piłsudski l'emportent contre l'armée rouge de manière inattendue. Pour de Gaulle, témoin des événements, c'est un sursaut du patriotisme polonais qui a retourné la situation. Un pays n'est vaincu, conclut-il, que s'il perd la volonté de se battre.

C'est la raison pour laquelle, dans cet Appel, il souligne bien que les causes de la défaite sont avant tout matérielles. C'est « la force mécanique terrestre et aérienne » de l'ennemi – expression qui revient plusieurs fois – qui l'a emporté. Une infériorité mécanique est plus facilement réparable qu'un fléchissement du courage. L'urgence est d'abord de retrouver l'espérance. Certes, le général de Gaulle ne se dissimule pas son dénuement. Dans ses *Mémoires de guerre*, il se décrit comme un « naufragé de la désolation sur les rivages de l'Angleterre ». D'où la grandeur de ce discours : un homme seul qui donne à tous des raisons d'espérer.

Celui de Churchill un mois plus tôt, le 13 mai 1940, recèle la même force que celui du 18 juin. Il est prononcé dos au mur. Churchill a été nommé le 10 mai, jour où se déclenche l'offensive allemande à l'ouest. Or il sait mieux que personne le degré d'impréparation de son pays, puisqu'il n'a cessé de le dénoncer depuis sept ans.

Il sait aussi que l'Angleterre a été humiliée sous le Premier ministre précédent, Neville Chamberlain, qui n'a cessé de plier le genou devant Hitler en croyant l'apaiser. Une fois la guerre déclarée, il n'a su trouver les mots pour mobiliser l'énergie de son peuple. Thomas Jones, homme politique de l'époque, notait cruellement que « Chamberlain parlait d'endurance et de victoire sur le ton de la défaite ».

Ces mots que Chamberlain n'a pas su trouver, Winston Churchill va les forger.

Avant guerre, son éloquence est jugée excessive. On l'admire mais avec une pointe d'ironie. On trouve que ses mouvements de cape frôlent le cabotinage. Chamberlain, en 1938, dit de lui : « Tout le monde à la Chambre a plaisir à l'écouter, prêt à l'acclamer et à rire de ses piques, mais il n'a aucun soutien d'importance. »

En 1940, avec la crise qui menace l'Europe, la rhétorique de Churchill est à la hauteur des circonstances. C'est lui qui avait raison quand il alertait sur la montée en puissance d'Hitler. En mars 1938, il avait eu ces phrases magnifiques sur les conséquences des renoncements anglais : « J'ai vu notre fameuse île descendre, sans retenue ni prudence, l'escalier qui mène à un gouffre obscur. C'est un large et bel escalier au début, mais au bout d'un moment le tapis se termine. Un peu plus bas, il ne reste que de grosses dalles. Et encore un peu plus bas, elles se dérobent sous nos pieds… »

Et, toujours en 1938, l'année où Hitler engloutit la Tchécoslovaquie, il prononce ces phrases impressionnantes de lucidité :

« Il a été dit par presque tous les orateurs que si nous ne nous dressions pas contre le dictateur maintenant, nous ne ferions que préparer le jour où il faudra que nous nous dressions contre lui dans des conditions bien plus défavorables. Il y a deux ans, c'était sans danger ; il y a trois ans, c'était facile ; et il y a quatre ans, il aurait suffi d'envoyer quelques troupes pour remettre les choses en ordre. Mais où en serons-nous d'ici un an ? Où en serons-nous en 1940 ? »

En 1940, on est au bord de l'abîme. Et l'Angleterre réalise que c'est lui, le lanceur d'alertes devant lequel on se bouchait les oreilles, qui avait raison. L'illuminé était un visionnaire. Et c'est lui qui va trouver les mots et les phrases pour permettre au peuple anglais de mobiliser son énergie et de donner le meilleur de lui-même. Comme de Gaulle, Churchill est persuadé que c'est la fermeté de la nation qui décide du sort de la guerre. Dès 1933, il affirmait, juste après l'arrivée au pouvoir d'Hitler, pressentant le pire : « Rien ne peut sauver l'Angleterre si elle ne veut pas se sauver elle-même. Si nous perdons confiance en nous, en notre aptitude à guider et à gouverner, alors oui, l'histoire s'arrêtera pour nous. »

Le 13 mai 1940, Churchill va s'employer à restaurer l'espoir et la vaillance de son peuple devant les dures épreuves qui s'annoncent. Voici ce discours[5], prononcé trois jours après son arrivée au pouvoir, devant la Chambre des communes :

> « [...] Dans la crise que nous traversons, j'espère que la Chambre pardonnera la brièveté de mon discours. J'espère qu'aucun de mes amis et collègues, ou anciens collègues, touchés par le remaniement ministériel, ne me tiendra rigueur, en aucun cas si, pressé d'agir dans

de telles circonstances, j'ai négligé les usages. Enfin, je voudrais tenir à la Chambre le même langage qu'à mes collègues du gouvernement : je n'ai rien à offrir que du sang, des efforts, des larmes et de la sueur.

Nous faisons face à la plus terrible des épreuves. Nous avons devant nous beaucoup, beaucoup de longs mois de lutte et de souffrance. Vous demandez ce qu'est notre politique ? Je répondrai : c'est faire la guerre, sur mer, sur terre, et dans les airs, par tous les moyens, avec toute la puissance et avec toute la force qu'il plaira à Dieu de nous donner, faire la guerre contre une tyrannie monstrueuse, jamais surpassée dans le sombre et lamentable catalogue du crime humain. Voilà notre politique.

Vous me demandez quel est notre but ? je vous réponds d'un mot : la victoire, la victoire à tout prix, la victoire en dépit de toute terreur, aussi longue et dure que soit la route ; car sans victoire il n'y a pas de survie. Prenez-en conscience : pas de survie pour l'Empire britannique, pas de survie pour tout ce que l'Empire britannique a toujours défendu, pas de survie pour le désir et la force qui ont de tout temps poussé l'humanité vers l'avant, vers le progrès. Mais j'assume ma tâche le cœur vaillant et plein d'espoir. Je suis sûr qu'on ne permettra pas à notre cause d'échouer chez les hommes. En cette heure, je me sens autorisé à réclamer l'aide de tous et je dis : "Venez-donc, allons de l'avant, ensemble, en unissant nos forces !" »

Le fameux passage sur le sang, les efforts, les larmes et la sueur mérite que l'on s'y attarde. En version originale, cela donne : « *I have nothing to offer but blood, toil, tears, and sweat.* » Ces mots ont une force percussive que Churchill utilise avec une maîtrise consommée. Rien d'intuitif dans cette rhétorique. Il avait réfléchi à la question : « Les mots courts sont les meilleurs, et les vieux mots courts sont les meilleurs de tous », disait-il, se référant au vieux fonds saxon de la langue anglaise.

Quant à l'expression elle-même, « *blood, toil, tears, and sweat* », elle est la synthèse de plusieurs réminiscences, ce qui n'est guère surprenant chez un homme aussi pétri d'histoire. Pour son biographe François Kersaudy, cette expression pourrait renvoyer à Garibaldi et à Lord Byron. Pour Andrew Roberts, autre spécialiste de Churchill, on pourrait même remonter à Tite-Live et Cicéron, qui parlent de sang, de sueur et d'efforts – mais pas de larmes. Enfin, il existe une autre source possible : le président américain Théodore Roosevelt, auteur d'un discours en 1897 dans lequel on trouve l'expression « sang, sueur, et larmes ».

Un autre écho me frappe : « Vous me demandez ce qu'est notre politique ? je peux vous le dire : je fais la guerre [...]. »

On va peut-être m'accuser de voir Clemenceau partout, mais comment ne pas penser à son grand discours de mars 1918 : « Ma politique étrangère et ma politique intérieure, c'est tout un. Politique intérieure, je fais la guerre ; politique étrangère, je fais la guerre. Je fais toujours la guerre » ?

Ce qui m'intéresse, en mettant en rapport ces deux discours historiques, c'est de faire apparaître des différences et des points communs. Chez Churchill, la référence à Dieu (même si, selon une de ses délicieuses boutades, « [Il n'est] pas un pilier de l'Église mais plutôt un arc-boutant ») et l'idée qu'il ne s'agit pas seulement d'une guerre pour l'Empire britannique mais pour la civilisation ne sont pas mentionnées chez de Gaulle.

Chez les deux orateurs, je suis frappé par cette volonté de transmettre par les mots toute l'énergie et le courage qui les portent. Il suffit de relever les points d'exclamation, la répétition des termes : chez Churchill, le mot *victoire* est martelé trois fois, comme « la France n'est pas seule » dans le discours de De Gaulle. On sent deux volontés inébranlables.

Il faut écouter les enregistrements des discours de Churchill en 1940. Il en existe un, inoubliable, où il s'adresse aux Français dans notre langue avec son savoureux accent : « Français, c'est moi Churchill qui vous parle. Pendant plus de trente ans, dans la paix comme dans la guerre, j'ai marché avec vous. Et je marche encore avec vous aujourd'hui, sur la vieille route… » On est frappé par l'autorité tranquille du ton. Il parle avec calme, ménage de longs silences, on perçoit sa respiration et même ses grognements. Extraordinaire impression. On entend un homme à la résolution inébranlable, qui demande à son peuple de faire son devoir avec courage, mais aussi avec sang-froid.

Et c'est ce qu'il advient. L'arrivée au pouvoir de Churchill donne un coup de fouet au pays tout entier. Les fonctionnaires qui marchaient nonchalamment dans les couloirs ministériels tout à coup se mettent à courir. L'urgence de la situation est intégrée par tous. Sous les bombes allemandes, à l'été 1940, les Anglais se montrent admirables même si les pertes sont terribles : plus de quarante mille civils sont tués, et cent cinquante mille blessés. Quand Churchill se rend sur place pour mesurer l'étendue des dégâts, ceux qui ont tout perdu l'acclament. Et il insiste pour que le gouvernement partage les mêmes conditions que les Londoniens. La famille royale reste à son poste alors que Buckingham Palace est touché neuf fois par les bombes. Churchill accepte de déménager du 10 Downing Street pour une annexe qui possède un bunker. Mais plutôt que de se rendre systématiquement à ce bunker, il préfère monter sur le toit, coiffé d'un casque en acier, pour observer les combats aériens. Son courage est au diapason de celui des Anglais et particulièrement des Londoniens. Dans ses Mémoires, il aura cette phrase pour qualifier la résistance entêtée de la capitale anglaise : « Londres était comme un gigantesque animal préhistorique capable de recevoir des coups terribles et de continuer, même mutilé, même saignant par mille blessures, à bouger et à vivre. »

Un homme seul peut-il redonner du courage à toute une nation ? Churchill refusait pourtant de s'attribuer un rôle aussi décisif envers le peuple britannique : « Jamais je ne lui ai donné de courage. J'ai su donner un objectif à son courage », tranchait-il.

Quant à de Gaulle, les effets de son Appel sont plus complexes. Son discours, on l'a maintes fois souligné, a été peu entendu sur le moment. Mais le texte s'est diffusé dès le lendemain dans les journaux. Et le bouche à oreille a fait son effet. Comme le résume très bien Julian Jackson, « presque personne n'avait entendu l'appel du 18 Juin, mais très vite, il n'y eut quasiment personne qui n'en ait pas entendu parler ». Régis Debray, dans sa préface aux *Grands discours de guerre*[6] du général de Gaulle, le dit de manière plus ironique : « Ceux qui ont entendu l'appel n'y ont guère répondu. Ceux qui lui ont répondu ne l'ont guère entendu. »

Ce discours, en maintenant une présence française au combat aux côtés des Alliés, fût-elle symbolique, au moins jusqu'à Koufra, a joué un rôle décisif pour la France. Régis Debray observe que « si ces mots n'avaient pas été prononcés, les dés auraient roulé dans le même sens, et que le XXe siècle aurait gardé ses grands traits. Mais notre petit pays ne serait pas un membre permanent du Conseil de sécurité ».

Le dernier point qui m'intéresse dans ces deux morceaux d'éloquence politique, c'est la nature du lien tissé avec les citoyens. Il me semble que ce sont deux grands discours démocratiques. Churchill et de Gaulle font renaître l'espoir, mais sans lui sacrifier la vérité. Le premier ne cache rien des difficultés qui attendent son peuple ; il avait dit, dans un discours des années trente, qu'il ne fallait pas avoir peur de dire au peuple « de rudes vérités ». C'est ce qu'il fait ici. Quant au second, sur un ton plus analytique, il brosse une description stratégique de la situation en montrant pour quelles raisons la victoire est possible.

Tous deux s'adressent au peuple sans le bercer d'illusions. Ils ne misent ni sur sa crédulité ni sur son ressentiment. Ils parlent à son émotion, mais aussi à sa raison. Ils ne le flattent pas, mais font appel à sa grandeur. De cette exigence, je retiens une précieuse source d'inspiration en nos temps troublés.

VIII

Camus, l'homme déchiré

Ce sont Bobby Fischer et Anatoli Karpov qui m'ont conduit à Albert Camus (1913-1960). Au cours de mon année de troisième, je me prends de passion – non, pardon : d'obsession – pour les échecs. Étudier les parties mythiques entre ces deux grands champions, l'Américain et le Russe, me paraît infiniment plus urgent que de me pencher sur les mystères de la trigonométrie ou sur les constituants de l'atome. Mes résultats scolaires en font momentanément les frais... Pendant mes vacances d'été en Espagne, mes parents, pour me remettre sur de bons rails, me confient à une professeure expérimentée, Noëlle Boer. Le programme de lectures qu'elle m'impose, aussi exigeant que stimulant, joue un rôle décisif dans ma construction intellectuelle. Parmi ces lectures, *Les Thibault* (1922-1940), de Roger Martin du Gard. Un choc. Et puis Camus : *L'Étranger* (1942), *La Peste* (1947), mais aussi *État de siège* (1948), une pièce un peu méconnue qui m'intéresse vivement car elle dénonçait le franquisme. Un deuxième choc, encore plus durable.

L'œuvre de Camus accompagne mes premiers engagements. L'abolition de la peine de mort est la première cause pour laquelle je décide de militer ; le livre qu'il a écrit avec Arthur Koestler *Réflexions sur la peine capitale* (1957) représente un jalon décisif pour moi. Par la suite, plus je lis Camus, plus j'admire son courage intellectuel, sa volonté de tracer un sillon réformiste sans faire allégeance ni à la droite conservatrice, ni à la gauche d'obédience marxiste. À propos du totalitarisme soviétique, il aura dès 1947 un franc jugement : « Les camps faisaient partie de l'appareil d'État de l'Allemagne, ils font partie de l'appareil d'État en Russie soviétique, vous ne pouvez l'ignorer. » Encore aujourd'hui, je goûte la lucidité d'une telle phrase, l'audace de ce parallélisme entre totalitarisme rouge et totalitarisme brun. Certains mettront cinquante ans à faire le même chemin. D'autres ne l'ont toujours pas parcouru...

Camus décèle très tôt que le marxisme soviétique est en train de devenir une religion séculière. Il voit le piège, lui qui parle toujours à hauteur d'homme, tourné vers une pensée politique modeste, « délivrée de tout messianisme, et débarrassée de la nostalgie du paradis terrestre ». Cette lucidité lui vaut bien entendu les anathèmes de la gauche marxiste. Il dira alors : « Malgré moi, malgré elle, je mourrai à gauche. » En dépit de ces attaques, il ne devient jamais cynique. Il pense jusqu'au bout qu'il y a plus à admirer qu'à mépriser en l'homme. Il reste un guide inégalable pour tout ce qui concerne les rapports entre la morale et la politique. Il a beaucoup écrit sur la violence, et en particulier sur la violence aveugle. Je trouve que tout ce que nous avons vécu à partir de 2015 donne une actualité brûlante à ses analyses sur le terrorisme. Dans les temps tourmentés et opaques que nous traversons, Albert Camus reste la plus sûre des boussoles.

Le terrorisme, Camus semble y avoir réfléchi toute sa vie. On le retrouve dans ses romans, ses essais, ses pièces de théâtre. Après 1945, sa réflexion se nourrit des attentats commis par les socialistes russes à la fin du XIXe et au début du XXe siècle. C'est le sujet de sa pièce *Les Justes* (1949). Un groupuscule terroriste, l'Organisation, s'apprête à passer à l'action. Le projet consiste à lancer une bombe sur la calèche du grand-duc Serge au moment où il se rend au théâtre. Un des terroristes, Kaliayev, est désigné pour jeter la bombe. À sa première tentative, il échoue : apercevant dans la calèche deux enfants, « deux petits visages sérieux », il a suspendu son geste.

Stepan, terroriste pur et dur, qui ne vit que pour la révolution à venir, le rabroue devant Dora, autre membre de l'Organisation : « Quand nous nous déciderons à oublier les enfants, ce jour-là nous serons les maîtres du monde et la révolution triomphera. » Dora répond : « De ce jour-là, la révolution sera haïe de l'humanité tout entière. »

Ensuite, on peut lire ce sublime dialogue, brûlant d'intensité, entre Kaliayev et Stepan, qui est le sommet de la pièce et que j'ai déjà évoqué dans l'introduction de ce livre. Kaliayev se justifie : « Tuer des enfants est contraire à l'honneur. Et si un jour, moi vivant, la révolution devait se séparer de l'honneur, je m'en détournerais. »

> Stepan : « L'honneur est un luxe réservé à ceux qui ont des calèches.
>
> Kaliayev : – Non, il est la dernière richesse du pauvre [...]. »

Finalement, Kaliayev tue le grand-duc en faisant le sacrifice de sa vie, et sans aucune victime collatérale.

À ce moment-là, Camus semble hésiter sur le jugement à porter sur un tel acte. Certes, la part de courage n'est pas niable. Mais comme il le note dans ses carnets : « Une vie donnée ne vaut pas une vie ravie. » Celui qui se tue, et qui trouve un sens et une justification dans cette mort, ôte la vie d'une personne qui avait d'autres projets, d'autres désirs, d'autres attaches.

Briser tout cela est un acte d'une insoutenable violence : le sacrifice du terroriste n'y change rien.

Sur la violence, la position de Camus a été caricaturée. Certains de ses adversaires l'ont dépeint en belle âme idéaliste condamnant la violence par principe. Rien n'est plus faux. Dans un texte essentiel en réponse à Emmanuel d'Astier de La Vigerie, compagnon de route du Parti communiste, Camus met les choses au point. Non, il ne se prend pas pour Gandhi : « Je ne crois pas qu'il faille répondre aux coups par la bénédiction. Je crois que la violence est inévitable, les années d'occupation me l'ont appris. » Cette question sera au cœur de la rupture avec son ami Jean-Paul Sartre. C'est autour de Koestler, et de son roman *Le Zéro et l'infini*, que les relations avaient commencé à se tendre. Sartre soutient coûte que coûte l'Union soviétique et le parti communiste. Mais tout bascule au moment de la publication en 1951 de *L'Homme révolté* ; Camus souligne que « tout révolutionnaire finit en oppresseur ou en hérétique ». Pour lui, la Russie est devenue une « terre d'esclaves balisée de miradors ». Cela ne lui sera jamais pardonné, et aux yeux des communistes, et très vite de Sartre, Camus ne sera qu'un « traître », un « renégat », un « ennemi du prolétariat », un « anticommuniste et donc un chien ». La rupture sera bientôt définitive et ils ne se parleront plus. Leur querelle représente deux rapports au sens de l'Histoire, Camus refusant le rêve messianique et révolutionnaire de Sartre. Le rapport Kroutchev, les livres de Soljenitsyne, la dénonciation des goulags, l'effondrement du communisme lui donneront raison.

Toute la réflexion de Camus se concentre sur les moyens de contenir cette violence. Il avance quelques pistes à la fois modestes et concrètes. Une première action possible, pour les intellectuels, consiste à ne pas légitimer la violence. Un deuxième effort, par exemple en négociant une trêve, serait de faire en sorte que les plus faibles (les civils, et parmi eux, les enfants) soient épargnés autant qu'il est possible : « Nous ne pouvons pas empêcher peut-être que cette création soit celle où des enfants sont torturés. Mais nous pouvons diminuer le nombre des enfants torturés. » Camus ne se projette pas dans un paradis lointain. Il s'efforce, ici et maintenant, de diminuer « l'atroce douleur des hommes ».

L'idéalisme n'est donc pas de son fait. Il se trouve du côté de ceux qui théorisent la violence comme un passage nécessaire pour arriver enfin à une humanité réconciliée. Ce problème de la fin et des moyens taraude Camus, comme beaucoup d'intellectuels de son temps. Dans une interview parue dans les années cinquante, il résume ainsi sa réflexion : « Si la tyrannie, même progressiste, dure plus d'une génération, elle signifie pour des millions d'hommes une vie d'esclave, et rien de plus. Quand le provisoire couvre le temps de la vie d'un homme, il est pour cet homme le définitif. » Dans ses carnets, on trouve cette réflexion qui montre la volonté d'envisager ce débat d'un point de vue moral, mais à partir d'une attention extrême portée aux faits : « La fin ne justifie les moyens que si l'ordre de grandeur est raisonnable. Exemple : je puis envoyer Saint-Exupéry en mission mortelle pour sauver un régiment. Mais je ne puis déporter des milliers de personnes et supprimer toute liberté pour avoir un résultat quantitatif équivalent et supputer trois ou quatre générations préalablement sacrifiées. »

La réflexion de Camus sur la violence et sur le terrorisme va s'approfondir et prendre une résonance douloureuse à partir du milieu des années cinquante. L'Algérie entre alors dans un engrenage : la torture d'un côté, les attentats de l'autre. De toutes ses forces, Camus va tenter de desserrer les mâchoires de ce piège infernal, tout en vivant, comme il l'écrit en 1955, « un perpétuel déchirement où chaque mort, française ou arabe, est ressentie comme un malheur personnel ».

La question de la fin et des moyens se formule désormais de manière concrète. Est-il légitime de torturer un terroriste pour lui faire avouer où sont les bombes, et donc potentiellement sauver des vies ? Non, répond Camus. Pas seulement pour une question de principes, mais plutôt en considérant tout ce que cela coûte de ne pas les respecter. Il se place donc sur le plan de l'efficacité, non pas à courte vue, mais sur le long terme. Il dit : « La torture[1] a peut-être permis de retrouver trente bombes, au prix d'un certain honneur, mais elle a suscité du même coup cinquante terroristes nouveaux qui, opérant autrement et ailleurs, feront mourir plus d'innocents encore. »

Pour limiter la violence, il faut la dénoncer symétriquement dans chacun des deux camps. Si l'on condamne le terrorisme, il faut dans le même mouvement s'élever contre la torture. Il adopte la plus inconfortable des positions, au rebours de tous ceux qui, côté FLN[2] ou côté Algérie française, soufflent sur les braises et assènent : « Il faut choisir son camp. »

Ici encore, la ligne suivie par Camus est autant une position de principe qu'une prise en considération de ce qui se passe quand on nie des principes essentiels : « Lorsque la violence répond à la violence dans un délire qui s'exaspère et rend impossible le simple langage de la raison, le rôle des intellectuels ne peut être, comme on le lit tous les jours, d'excuser de loin l'une des violences et de condamner l'autre, ce qui a pour double effet d'indigner jusqu'à la fureur le violent condamné, et d'encourager à plus de violence le violent innocenté. » Autrement dit : on réussit l'exploit de verser de l'huile sur le feu dans les deux camps à la fois.

Le 22 janvier 1956, Camus tient une réunion publique à Alger pour proposer aux deux camps une trêve civile épargnant au moins les femmes et les enfants. À l'extérieur, certains manifestants pieds-noirs crient « À mort, Camus ! ». Toute parole raisonnable devient inaudible. Il le sent. Avec angoisse, il regarde se profiler « les noces sanglantes du terrorisme et de la répression ».

À partir de là, devant cet échec, il se tait. Il va garder le silence jusqu'au prix Nobel (décembre 1957). À Stockholm, lors d'une discussion avec les journalistes, un étudiant algérien l'interroge sur les violences qui secouent son pays natal. Il répond par une phrase que l'on a déformée et reconstruite, au point de s'inscrire dans la mémoire collective sous la forme « Je préfère ma mère à la justice ».

Mais en réalité, Camus a dit : « À l'heure où nous parlons, on jette des bombes dans les tramways d'Alger. Ma mère peut se trouver dans l'un de ces tramways. Si c'est cela la justice, je préfère ma mère. » Michel Onfray a suggéré que « la mère » signifie ici l'humanité dans ce qu'elle a de plus fragile ; je le suis volontiers là-dessus. Je pense aussi que cette phrase pourrait être une autre manière de dire que la fin ne justifie pas les moyens. Une fois encore, Camus refuse la justice future, aléatoire et abstraite, si elle est au prix des souffrances immédiates des plus faibles.

La tragédie s'approche, inexorable. Camus se tait de nouveau. Il ne renonce pas, malgré tout, à essayer de désintoxiquer chaque camp de sa charge de haine.

Il voudrait que chaque adversaire reconnaisse les raisons de l'autre. Courageusement, il montre l'exemple, dans un article de 1958 rédigé sous forme lapidaire – comme si l'urgence, désormais, dictait le tempo des événements.

L'article s'intitule « Ce qu'il y a de légitime dans la revendication arabe ». Camus y dénonce, comme il le fait depuis longtemps, « le colonialisme et ses abus ; le mensonge répété de l'assimilation ; l'injustice de la répartition agraire ». Il y ajoute un nouvel élément : « la souffrance psychologique : l'attitude souvent méprisante ou désinvolte de beaucoup de Français ». Camus évolue, tout en gardant un certain nombre de points aveugles dans son analyse, comme son incapacité à voir venir le nationalisme algérien – la notion de « personnalité arabe » de l'Algérie n'apparaît sous sa plume que vers 1955-1956. Pour lui, le nationalisme trouve sa source dans les injustices dont sont victimes les Algériens. Dès 1939, il avait écrit que « la montée du nationalisme algérien s'accomplit sur la persécution dont on les poursuit. [...] Qu'on libère ces malheureux qui veulent mieux vivre ; et qu'on songe moins à mieux punir qu'à mieux aimer ». À la fin des années cinquante, il s'accroche encore à une solution fédérale préservant le rattachement à la France. Entre sa lucidité et son ancrage viscéral dans une communauté, il est plus que jamais déchiré. En 1959, dans une lettre au philosophe et écrivain Jean Grenier, il confie sa détresse : « Je crois comme vous qu'il est trop tard pour l'Algérie. Je ne l'écris pas dans mon livre [...] parce qu'on n'écrit pas que tout est fichu. »

Quand il meurt le 4 janvier 1960, on retrouve dans sa sacoche le manuscrit inachevé de ce qui deviendra *Le Premier Homme* (1994). On y voit, parfois à l'état de simples notations, que la question du terrorisme devait jouer un rôle important dans ce livre, avec une opposition entre le personnage de Saddok, membre du FLN, et Jacques Cormery, le double de l'auteur. On ne remarque pas cette absence de la population arabe, qui sera reprochée à Camus par certains Algériens, par exemple par Kateb Yacine. On trouve cet échange bouleversant entre Cormery et Saddok, les deux anciens amis. Cormery a donné l'hospitalité à Saddok, recherché par la police :

> « Au revoir, dit Saddok.
> – Reste, ils te prendront.
> – C'est mieux. Eux, je peux les haïr, et je les rejoins dans la haine. Toi tu es mon frère, et nous sommes séparés. »

Désormais, il semble ne plus y avoir de place que pour la haine. On le pressent avec une autre notation concernant Jacques Cormery : « Jacques, qui s'était jusque-là senti solidaire de toutes les victimes, reconnaît maintenant qu'il est aussi solidaire des bourreaux. Sa tristesse… » Il ne faut, bien sûr, pas tirer de conclusions trop définitives sur ces notes hâtives. Mais on a l'impression que le Camus des dernières années (1958-1960) vacille, en proie au découragement.

La haine a-t-elle tout recouvert ? Par quelques mots, Camus semble se réchauffer à toute étincelle de complicité entre membres des deux communautés : « Rencontre avec l'Arabe à St Étienne. Et cette fraternité des deux exilés en France. »

Parmi les mille regrets que nous laisse sa mort prématurée, il y a cette scène de fraternité que nous ne lirons jamais.

IX

343 courages

Le mystère, c'est quand le courage d'un(e) seul(e) prend une dimension collective. Cette cristallisation me fascine. L'histoire du manifeste des 343 montre comment une poignée de personnes peut non seulement donner du courage à toute une partie de la population, mais véritablement changer les mœurs. Le manifeste publié en 1971 dans *Le Nouvel Observateur* est en effet le point de départ d'une séquence qui s'élèvera – *via* le procès de Bobigny en 1972 – jusqu'à la loi Veil promulguée en janvier 1975. Grâce à l'action décidée et courageuse de quelques-unes, la société française ne sera plus jamais la même.

Avant d'être la libération des femmes, le manifeste des 343 est une libération de la parole. Jusque-là, l'avortement, réprimé par la loi de 1920, est un tabou. Cinquante mille Françaises y auraient recours chaque année, certaines dans de bonnes conditions – pour celles qui ont les moyens d'aller en Hollande ou en Angleterre –, et d'autres dans des arrière-cuisines, avec des faiseuses d'anges improvisées, et d'énormes risques – de mort, de stérilité ou de traumatismes psychologiques.

Un consensus se dégage : la loi doit être changée. À l'été 1970, le sénateur Claude Peyret, membre du parti gaulliste l'UDR[1], propose une loi autorisant l'avortement dans certaines conditions (viol, inceste, danger pour la vie de l'enfant ou la mère…) avec une commission de médecins qui interviendrait pour prendre la décision. Mais nulle part il n'est question d'émancipation de la femme. On fait de l'avortement une question purement médicale.

Pour un certain nombre de femmes issues du MLF[2] qui vient de se créer, il faut changer les termes du débat. L'avortement n'est pas une simple question technique : c'est un enjeu politique central. Aucune femme ne peut être libre si elle n'est pas d'abord maîtresse de son propre corps et de sa sexualité. Le véritable enjeu de l'avortement est l'émancipation des femmes. Pour que chacun(e) en prenne conscience, il faut frapper un grand coup.

Le manifeste des 343 naît d'une alliance entre journalistes et militantes du MLF. À la manœuvre, deux journalistes du *Nouvel Observateur*, Jean Moreau, chef du service documentaire, et Nicole Muchnik, cheffe des informations générales. Tous deux suivent les débats du MLF et voudraient mettre la question de l'avortement au centre des discussions.

C'est ainsi que naît l'idée d'un manifeste, signé par des femmes qui reconnaîtraient avoir avorté pour mieux démontrer l'inanité de la loi de 1920. Rien de très original, c'est le mode d'expression traditionnel de la gauche depuis longtemps.

L'idée géniale, en revanche, est de faire signer ce manifeste par des « intouchables », des artistes, actrices ou intellectuelles que leur célébrité pourrait protéger. Anne Zelensky, figure importante du renouveau du féminisme qui a participé à la fondation du MLF en 1970, s'empare du projet. Elle contacte Simone de Beauvoir qui réagit favorablement. La philosophe est au cœur de toute cette histoire. Dans son livre *Le Deuxième Sexe* (1949), elle avait osé évoquer la question. En quelques pages, elle avait cité des témoignages de femmes réduites aux extrémités les plus terribles souvent sous la menace ou l'injonction du géniteur : absorption de pétrole ou de savon noir ou usage mutilant d'épingles à tricoter... Elle décrivait le calvaire des femmes de la campagne se laissant tomber dans l'escalier ou du haut d'une échelle pour « faire passer l'enfant ».

Elle montrait une volonté remarquable de regarder les choses en face, et de décrire le problème avec des mots nets et crus. Elle prédisait elle-même qu'on ne lui pardonnerait pas : « Il est peu de sujets sur lesquels la société bourgeoise déploie plus d'hypocrisie : l'avortement est un crime répugnant auquel il est indécent de faire allusion. Qu'un écrivain décrive les joies et les souffrances d'une accouchée, c'est parfait ; qu'il parle d'une avortée, on l'accuse de se vautrer dans l'ordure et de décrire l'humanité sous un jour abject. »

Le Deuxième Sexe est sur la table de chevet de nombreuses féministes. Sa participation est décisive. Or, la philosophe trouve l'idée excellente et accepte tout de suite. Elle met aussi à leur disposition un carnet d'adresses sans limites.

La première étape est de se mettre d'accord sur le texte. Plusieurs réunions dominicales ont lieu chez Simone de Beauvoir. Y participent notamment l'actrice Delphine Seyrig et l'avocate Gisèle Halimi, qui s'est illustrée notamment dans la défense de Djamila Boupacha, militante du FLN, au moment de la guerre d'Algérie.

Je suis frappé par la densité du manifeste, d'une clarté absolue :

> « Un million de femmes se font avorter chaque année en France. Elles le font dans des conditions dangereuses en raison de la clandestinité à laquelle elles sont

condamnées alors que cette opération, pratiquée sous contrôle médical, est des plus simples.

On a fait le silence sur ces millions de femmes.

Je déclare que je suis l'une d'elles.

Je déclare avoir avorté.

De même que nous réclamons le libre accès aux moyens anti-conceptionnels, nous réclamons l'avortement libre. »

Après la mise au point du texte vient la collecte des signatures. Simone de Beauvoir et ses amies, Christiane Rochefort notamment, prennent leur téléphone. Apposer son nom sur cet appel est un véritable acte de courage. En 1971, les femmes reconnues coupables d'avoir avorté risquent encore six mois de prison et/ou une amende. Ce n'est donc pas une décision légère, notamment pour celles qui exercent un métier public. Et du reste, plusieurs d'entre elles seront convoquées au commissariat après la publication, le 5 avril 1971, du texte dans *Le Nouvel Observateur*.

Le choix de signer cet appel engage des décisions très personnelles. Même Delphine Seyrig, pourtant présente dès le début du projet, racontera avoir hésité « un quart de seconde », se sentant « mal élevée » d'étaler ainsi son intimité sur la place publique. Par la suite, elle s'engagera encore plus pour la cause, mettant son domicile parisien de la place des Vosges à la disposition du MLF pour des avortements clandestins.

Pour Gisèle Halimi, la question est délicate. Une avocate peut-elle déclarer publiquement qu'elle a enfreint la loi ? Dans *Une farouche liberté*[3], écrit au soir de sa vie avec la journaliste Annick Cojean, elle raconte :

« En me téléphonant pour me demander de collecter des signatures de femmes célèbres, Simone de Beauvoir m'avait dit : "Pas vous, bien sûr, Gisèle, vous risquez comme avocate des sanctions particulières." J'ai répondu : "Je m'en fous, je signe !" Et j'ai d'ailleurs été sanctionnée plus tard par un blâme du bâtonnier de l'ordre des avocats de Paris. Mais quelle importance ? »

Dans l'histoire personnelle de Gisèle Halimi, comme chez beaucoup de signataires, l'avortement évoque de douloureux souvenirs : à 19 ans, tombée enceinte, le médecin chargé de la soigner lui avait fait subir ce qu'on appelait alors un « curetage à vif », sans anesthésie, pour la punir de sa liberté. Ce jour-là, écrit-elle dans son livre, « Je suis passée de l'état de fille rebelle à celui de femme insoumise ».

Toutes n'acceptent pas de signer. Simone Signoret refuse. Françoise Giroud aussi. Cette dernière se justifie ainsi : « Eh bien moi, je dis non ! je dis qu'être une femme libre, autant qu'on peut se prétendre libre, c'est apprendre à se prendre en charge, c'est-à-dire, sur ce point précis, à utiliser des contraceptifs. »

Cette conception n'est pas isolée. Plusieurs militantes du planning familial pensent que le combat pour l'avortement risque de faire de l'ombre à celui-ci pour généraliser l'usage des contraceptifs.

Un autre désaccord menace le projet. Nombre de militantes du MLF accueillent fraîchement l'idée de mettre en avant les célébrités féminines de l'époque. Elles y voient « une concession à la presse bourgeoise ». Elles souhaitent que des femmes ordinaires apparaissent dans cette liste. *Le Nouvel Observateur* ne voudrait que des femmes connues. Mais les militantes du MLF vont jusqu'à envahir le bureau de Jean Daniel, directeur du journal, pour imposer le principe d'une liste réunissant anonymes et célébrités.

Parmi les célébrités qui ont signé figurent notamment Jeanne Moreau, Catherine Deneuve, Françoise Fabian, Nadine Trintignant, Delphine Seyrig, Marina Vlady, Micheline Presle, Judith Magre, Bernadette Lafont, Françoise Arnoul, Anne Wiazemsky, Marie-France Pisier, Brigitte Auber, Agnès Varda, Marceline Loridan-Ivens…

La liste des intellectuelles et écrivaines est également impressionnante : Marguerite Duras, Françoise Sagan, Christiane Rochefort, Simone de Beauvoir, Violette Leduc, Colette Audry, Ariane Mnouchkine, Antoinette

Fouque, Monique Wittig (auteure de *L'Opoponax* en 1964).

Le troisième cercle est formée d'anonymes qui font partie du MLF ou de proches, souvent des intellectuelles ou des scientifiques. On y retrouve Anne Zelensky, Christine Delphy ou encore Josy Thibaut : cette dernière, mariée, deux enfants, avait repris ses études de psychologie et fait signer de nombreux camarades étudiants, dont Aline Guerrand-Hermès, héritière de la célèbre dynastie du luxe, ce qui vaudra à son père des réprimandes de Georges Pompidou.

Les effets de la publication du manifeste des 343 dépassent toutes les attentes. *Le Nouvel Observateur* tire à trois cent cinquante mille exemplaires, et l'article est repris dans toute la presse.

Les réactions ne sont pas toujours bienveillantes ; on voit à quel point la question constitue un blocage dans la société française. Un certain nombre de médecins ne cachent pas leur hostilité. Le professeur Lortot-Jacob adresse à la Confédération des familles chrétiennes une lettre où il assène : « En observant la qualité nominale des 343 délinquantes en question, l'orthographe et la résonance de leur nom patronymique, je me suis rendu à l'évidence qu'elles n'étaient pas très catholiques. »

Ces 343 Françaises deviendront « les 343 salopes », après une des plus célèbres couvertures de *Charlie Hebdo*. Le dessin, signé Cabu, représentait Michel

Debré, partisan d'une politique familiale nataliste. À la question « Qui a engrossé les 343 salopes du manifeste sur l'avortement ? », l'ancien Premier ministre répondait : « C'était pour la France ! » Le terme, bien que sexiste et insultant, est resté.

L'effet le plus important de ce manifeste, c'est que le débat est lancé. Le mot *avortement*, qui se chuchotait sous le manteau, est désormais sur la place publique. C'est ce que disait Jean Daniel dans son éditorial accompagnant le texte : « Et si pour commencer, toute la gauche prenait position ? S'il y avait sur ce point un comportement et un combat communs ? »

Les partis politiques vont devoir trancher. À droite, on reste d'une très grande prudence. L'électorat catholique représente des contingents massifs qu'il est impensable de s'aliéner. Chez Jacques Chaban-Delmas, nommé Premier ministre de Georges Pompidou en 1969, pourtant en avance sur les sujets de société, silence radio.

À gauche aussi on est partagé. Le Parti communiste est réticent : prière de ne pas oublier que la véritable libération – des femmes ou des hommes – ne vient pas de la maîtrise de leur sexualité mais de la conquête des moyens de production par le prolétariat !

Quant au Parti socialiste, il est divisé. En avril 1971, une couverture de *Tribune socialiste* affirme en lettres rouges : *Avorter est un droit !* Mais quand on pose la question à François Mitterrand, le 13 décembre 1972, il reste d'une prudence de Sioux : « Ou bien nous admettons qu'une femme est maîtresse d'elle-même et décide de se faire avorter, ou bien nous estimons qu'aucune femme ne sera juge elle-même. [...] C'est vrai qu'à la limite, il n'y a pas de liberté de choix dès qu'on est obligé de demander un avis[4]. Mais ne le faut-il pas, sur le plan d'un État et d'une collectivité ? la question reste posée... »

Malgré ces précautions et ces tergiversations, le manifeste a atteint son but : l'avortement est désormais une question politique centrale. Mais il faudra encore quatre ans jusqu'à la loi Veil qui dépénalise l'avortement.

Ce qui m'intéresse dans le manifeste des 343, c'est non seulement le courage des femmes qui s'engagèrent pour cette cause, mais le regard qu'il nous permet d'avoir sur le féminisme aujourd'hui.

Sur ce point, je m'inscris dans la ligne des réflexions énoncées par Élisabeth Badinter dans son livre *Fausse route*[5]. La première remarque est que le combat féministe des années soixante-dix ne diabolise pas les hommes. Même si le MLF est un mouvement de femmes, quelques hommes vont jouer un rôle important pour faire avancer la cause féministe, comme Jean Moreau.

On le voit bien au procès de Bobigny, en octobre 1972, où viendront témoigner de manière décisive Jean Rostand, le médecin Paul Milliez, les prix Nobel Jacques Monod et François Jacob, ainsi que Michel Rocard, dont le PSU[6] était bien plus en pointe que le Parti socialiste ou le Parti communiste sur ces sujets.

Dans ces années-là, le combat n'est pas dirigé contre les hommes, mais contre un ordre réactionnaire et patriarcal. La nuance est importante. Elle signifie que les hommes peuvent être des alliés. On voit la différence avec certains mots d'ordre féministes apparus depuis les années quatre-vingt-dix.

Je crois, comme Élisabeth Badinter, qu'on ne peut s'en sortir en faisant des hommes et des femmes deux essences séparées, l'une négative et l'autre positive. Tout ce qui est perdu sur le terrain de l'universel est également perdu sur le terrain de l'égalité.

La deuxième remarque que m'inspire ce retour sur le féminisme des années soixante-dix, c'est que le droit à l'avortement ne peut être tenu pour acquis. Les menaces sur ce dernier ont repris : pas seulement aux États-Unis ou en Pologne, mais également dans notre pays, avec l'irruption dans le débat public de Sens Commun et de La Manif Pour Tous. Les religieux n'ont pas renoncé à vouloir contrôler le corps des femmes. On l'a bien vu avec l'affaire du voile islamique ou du burkini, qui définit un devoir spécifique pour les femmes en raison de leur nature.

Le courage est aujourd'hui du côté de ces femmes iraniennes qui refusent parfois au péril de leur vie, l'imposition du hijab et d'un « code vestimentaire » par la « police des mœurs de la République islamique d'Iran ». Le voile est son étendard, l'instrument essentiel de son projet idéologique, de façonner la société islamiste, de garder et sauvegarder son pouvoir.

Il n'y a pas de féminisme sans laïcité. Sur ces deux plans, qu'il ne faut jamais cesser de relier, le combat continue.

X

Willy Brandt
Le geste qui reste

J'ai croisé – ou plutôt aperçu – Willy Brandt (1913-1992) lors de grands rassemblements des sociaux-démocrates européens organisés dans les années quatre-vingt. Il était alors à la tête de l'Internationale socialiste. Je revois son allure, l'expression un peu lasse de son visage, démentie par la vivacité du regard. Même pour un observateur lointain, son charisme était perceptible. Quant à moi, je connaissais son rôle politique dans le rapprochement Est-Ouest, mais aussi le soutien politique et financier qu'il avait apporté aux socialistes espagnols de Felipe González, secrétaire général du Parti socialiste ouvrier espagnol et président du gouvernement à partir de 1982 : autant de raisons de l'admirer.

En Allemagne, Willy Brandt passait pour un des meilleurs orateurs de son temps. Par une ironie de l'Histoire, ce ne sont pas ses phrases ou ses mots qui viennent à l'esprit quand on évoque cette grande figure européenne, mais un geste : son agenouillement spontané devant le mémorial dédié au soulèvement des juifs à Varsovie. C'était le 7 décembre 1970.

Ce chancelier allemand qui s'agenouille pour reconnaître la responsabilité de son peuple dans les crimes commis au cours de la Seconde Guerre mondiale n'a pourtant rien à se reprocher. Non seulement il n'a jamais été membre du Parti national-socialiste, mais il l'a combattu de toutes ses forces. Et de surcroît, très tôt : Herbert Frahm, de son vrai nom, né dans une famille ouvrière imprégnée de culture syndicale, a même été membre des Faucons rouges, l'organisation de jeunesse du SPD[1]. En 1931, il quitte le SPD pour le SAP[2] aux positions plus radicales. Mais aux élections de 1933, ce parti subit un échec cinglant : il ne recueille que 0,3 % des voix alors que le parti nazi, faut-il le rappeler, en obtient 37 %.

Avec l'accession au pouvoir d'Hitler, Herbert Frahm, malgré son jeune âge, fait partie de ceux dont la vie est menacée. Il entre dans la clandestinité sous le nom de Willy Brandt et se réfugie en Norvège. Déchu de sa nationalité, il reviendra en Allemagne à quelques reprises, sous de fausses identités, pour distribuer des subsides aux membres de son petit parti restés sur place. Journaliste, il se rendra en Espagne pour témoigner sur la guerre civile. De son séjour, notamment à Barcelone, il en revient marqué par la guerre que se livraient les factions au sein du camp républicain. Dans son texte « Un an de guerre et de révolution en Espagne », il dénonce les pratiques totalitaires et la terreur exercées par les communistes espagnols et les agents de Staline, et plus particulièrement l'enlèvement et l'assassinat de Andreu Nin, leader du Poum (Parti ouvrier d'unification marxiste), parti frère du SAP. Ce séjour le transformera en anticommuniste convaincu. Quand la Norvège est envahie en 1940, il gagne la Suède. C'est donc un résistant à Hitler qui prend sur lui la responsabilité des fautes de son pays. Un témoin dira : « Voilà que s'agenouille un homme qui n'a pas besoin de le faire, au nom de tous ceux qui devraient le faire et qui ne le font pas. »

Le geste de Brandt à Varsovie n'est pas seulement d'une haute dimension morale : c'est un acte politique courageux. Pour le comprendre, il faut faire un petit détour par la politique internationale Il s'inscrit dans le puzzle géopolitique des relations Est-Ouest dans les années cinquante/soixante, et la manière dont la RFA[3] s'y insère.

Depuis le milieu des années cinquante, et on peut le comprendre en pleine guerre froide, la politique extérieure de la RFA, définie par le chancelier Konrad Adenauer, se caractérise par son intransigeance : vis-à-vis des pays du bloc de l'Est, mais particulièrement à l'encontre de l'Allemagne de l'Est qu'elle refuse de reconnaître comme État à part entière, d'où une floraison d'artifices rhétoriques pour désigner « la zone » ou « l'autre côté ». Des mesures de rétorsion sont même prises vis-à-vis des pays qui se risquent à établir des relations diplomatiques avec sa sœur ennemie (doctrine Hallstein). Le but est d'empêcher celle-ci d'exister sur la scène internationale. La brutale répression qui a suivi l'insurrection en Allemagne de l'Est en juin 1953, la première de grande ampleur dans le bloc soviétique, a indigné les Allemands de l'Ouest.

Maire de Berlin depuis 1957, Willy Brandt sent bien toutes les limites de cette fermeté cassante. En particulier en 1961, au moment de la construction du mur. Les alliés ne bougent pas. À l'est comme à l'ouest, après cette crise, chacun semble s'accommoder du statu quo. La conclusion de Brandt en découle : il faut que les Allemands apprennent à se débrouiller par eux-mêmes. Dès le début des années soixante, leader du SPD, puis vice-chancelier et ministre des Affaires étrangères, il imagine une nouvelle politique vis-à-vis de la RDA[4], « le changement par le rapprochement ». L'idée est de faire évoluer le régime est-allemand par une intensification des relations et une amélioration des conditions de vie.

En 1969, Brandt devient le premier chancelier social-démocrate. Il est alors en mesure de faire advenir cette nouvelle politique d'ouverture à l'Est (l'*Ostpolitik*) pour favoriser un dégel des relations avec la RDA. Dès son discours de politique générale, il brise d'ailleurs un premier tabou en qualifiant la RDA d'État à part entière : « Même s'il y a deux États qui existent en Allemagne, ils ne sont pas des pays étrangers l'un pour l'autre », dit-il. Phrase anodine en apparence, mais qui ne l'est pas dans le contexte de l'époque.

Cela ne suffit pas à déverrouiller les relations avec la RDA. La clé de ce rapprochement ne se trouve pas dans les mains de Brandt ; elle est à Moscou et, dans une moindre mesure, à Varsovie. Les deux pays, traumatisés par les conflits avec l'Allemagne, ont pour obsession de sécuriser les nouvelles frontières de l'Allemagne à l'est, définies en 1945 par la ligne Oder-Neisse. Sans reconnaissance de ces frontières, impossible d'espérer que l'URSS donne son aval au rapprochement entre RFA et RDA.

Or cette acceptation représente un autre tabou de la politique allemande : elle signifie l'abandon d'un quart de ses territoires par rapport aux frontières de 1937, et pour des millions de réfugiés, le renoncement à toute perspective de retour. Jusqu'en 1970, aucun homme politique allemand n'a eu le courage d'affronter cette vérité : que ces territoires étaient perdus pour toujours.

C'est ce que fait Brandt. Le 12 août 1970, il va en URSS pour signer le traité de Moscou, acceptation *de facto* de la frontière de 1945. L'étape suivante passe par Varsovie, qui exige les mêmes garanties. Dans sa biographie *Willy Brandt*[5], l'historienne Hélène Miard-Delacroix raconte de manière vivante et précise les détails de ce voyage.

Brandt arrive en Pologne le 6 décembre. Le poids du passé marque chaque instant. L'ambiance est comme le climat : glaciale. Le chef du gouvernement polonais, Józef Cyrankiewicz, l'accueille en notant qu'il est « le premier chef de gouvernement allemand à venir en visite à Varsovie depuis Hitler ». Voilà qui ne réchauffe pas vraiment l'atmosphère…

Le 7 décembre, un traité est signé entre la Pologne et la RFA, qui reconnaît *de facto* les frontières d'après 1945 même s'il ne s'agit pas d'un traité de paix. Les deux gouvernements s'engagent à renoncer à l'emploi de la force pour les modifier.

Après la signature du traité, Brandt se rend au mémorial commémorant le soulèvement du ghetto de Varsovie en 1943. Il est environ dix heures du matin. Le protocole a prévu le dépôt d'une gerbe d'œillets blancs. Brandt rectifie le ruban noir, rouge, or aux couleurs de la RFA. Il recule de quelques pas et s'immobilise. Jusque-là, le protocole est respecté à la lettre.

C'est alors que de manière imprévue, il tombe à genoux, mains croisées sur son pardessus noir, visage pétrifié. Pendant une trentaine de secondes, il reste dans cette attitude, figé. Sa gestuelle, celle d'un pénitent ou d'un pécheur, semble sortie d'un vitrail. Il n'est pas impossible que cet arrière-plan religieux - conscient ou inconscient - participe de l'impact émotionnel de la scène. Les photographes mitraillent. Ils ont compris immédiatement qu'ils tenaient là une image pour l'Histoire.

Les premières explications de Brandt, laconiques, prosaïques, ne semblent pas à la hauteur du geste. À sa femme, il confesse : « Il fallait bien faire quelque chose. » À l'un de ses conseillers : « J'ai eu le sentiment qu'incliner la tête n'était pas suffisant. » Ce n'est que bien plus tard, en rédigeant ses souvenirs, qu'il trouvera la formule adéquate : « J'ai fait ce que font les hommes quand les mots leur manquent. » Les mots qui manquent face à l'innommable, l'extermination des juifs.

Sur le moment, ce geste est loin de susciter l'unanimité. C'est même le contraire. Un tombereau de critiques s'abat sur lui, de tous les côtés. En Pologne, certains trouvent que l'attitude de Brandt aurait été plus à sa place devant un monument rendant hommage non pas aux martyrs juifs mais aux martyrs polonais de la guerre.

En RDA, la scène est tout simplement censurée. Tous les discours du gouvernement communiste sont axés sur l'agressivité de la RFA et sa soi-disant volonté de revanche. Un tel geste fait s'écrouler d'un coup toute cette propagande ressassée.

Chez les alliés de la RFA, en particulier la France et la Grande-Bretagne, l'action de Brandt suscite quelques inquiétudes. N'est-elle pas le signe d'une RFA désireuse de prendre de l'autonomie et de faire cavalier seul vis-à-vis du bloc communiste ? On connaît la phrase, souvent citée, de François Mauriac : « J'aime l'Allemagne, j'aime tellement l'Allemagne que je me réjouis qu'il y en ait deux. » Elle traduit bien les arrière-pensées de la classe politique française, même si de Gaulle avait jugé légitime que l'Allemagne cherche à se réunifier.

Mais c'est en Allemagne de l'Ouest, dans son propre pays, que les réactions sont les plus mitigées. 48 % des Allemands trouvent que le comportement de Brandt est exagéré. Les réfugiés issus des régions désormais sous souveraineté polonaise sont vent debout. Des manifestations hostiles s'organisent, et Brandt recevra même quelques menaces de mort. On le taxe de trahison, de renoncement. Sa politique de rapprochement avec les pays de l'Est puis avec la RDA, qui sera reconnue officiellement comme État en 1972, est très contestée. La ratification de son *Ostpolitik* par le Bundestag est difficile, elle ne sera obtenue que par la défection de deux députés CDU[6], dont on découvrira plus tard qu'ils ont été achetés par la Stasi[7] à l'instigation du KGB[8]. Beaucoup d'Allemands reprochent à Brandt une politique qui semble acter de manière définitive la division de leur pays.

C'est le contraire qui va se produire. Vingt ans après l'agenouillement de Varsovie, l'Allemagne sera de nouveau unie grâce à Helmut Kohl. C'est Brandt qui avait raison. Et c'est lui qui, le 20 décembre 1990, en tant que doyen, prononcera dans le Reichstag de l'Allemagne réunifiée le discours d'ouverture. Il y parlera notamment de la nécessité de faire avancer l'unification de l'Europe en même temps que celle de l'Allemagne.

Bien sûr, il n'avait pas prévu que cela arriverait aussi vite. Mais son geste et sa politique de rapprochement avec l'Est, qui lui valent le prix Nobel de la paix en 1971, ont préparé l'avenir. Pendant cette courte période où il a exercé le pouvoir (1969-1974), Willy Brandt a agi comme un visionnaire pragmatique. Je voudrais insister un peu sur cette expression contradictoire en apparence, qui représente à mon sens une forme d'accomplissement ultime pour un homme d'État.

Brandt a été visionnaire en conduisant une politique de rapprochement très risquée envers l'Est, et en particulier vers l'Allemagne de l'Est. Il ne renonce pas à la réunification, comme on l'en a accusé à l'époque. Mais à quoi bon cette réunification, qu'il imagine dans un avenir plus lointain que proche, si les deux peuples, devenus étrangers l'un à l'autre, se tournent le dos ? Dans l'immédiat, l'urgence est de maintenir des contacts entre RFA et RDA. Quitte à reconnaître la RDA comme un État à part entière.

Ce rapprochement avec l'autre Allemagne a aussi une dimension pragmatique. Il est porteur de progrès concrets, ici et maintenant, pour les Allemands et les Berlinois. Les visites entre familles séparées seront facilitées, les échanges seront plus nombreux. En reconnaissant le régime est-allemand, espère Brandt, on lui enlève des raisons de se raidir aux dépens de ses habitants tout en favorisant le bien-être de la population. Pour lui, cette amélioration des conditions économiques conduira inévitablement à plus de démocratie. Telle est donc la teneur de son pari. Et les dirigeants de la RDA ne s'y trompent pas, qui regardent ce rapprochement avec une certaine réticence. Certains parleront d'une « agression en pantoufles ». En 1974, Brandt doit quitter le pouvoir à la suite d'une affaire d'espionnage mettant en cause l'un de ses conseillers à la solde de la RDA.

L'autre aspect qui m'intéresse beaucoup dans ce geste de Willy Brandt, c'est sa dimension de repentance. En général, je trouve que la contrition ne fait pas une politique, et j'ai des réserves importantes pour la repentance dès qu'elle devient systématique. Mais justement, il semble que ce terme de *repentance* ne soit pas celui que Brandt aurait choisi, même si c'est ce que sa gestuelle semble suggérer.

En effet, Brandt ne parle ni de repentance ni de culpabilité, mais de *responsabilité.* Sa réflexion sur le sujet est longuement mûrie. En 1946, il avait été l'envoyé spécial d'un journal norvégien pour couvrir le procès de Nuremberg. Il avait eu des phrases nettes et fortes pour décrire les crimes nazis : « Ce qui était l'exception chez les autres est devenu la règle pour eux. Ils ont fait de la terreur et de la politique d'assassinat un système, d'une manière dont personne ne l'avait fait auparavant. » Dès ce moment-là, il esquisse une opposition entre responsabilité et culpabilité. Dans son esprit, la notion de culpabilité collective, celle du peuple allemand, est piégeuse. Elle fait des crimes nazis une fatalité maudite et irrationnelle qui dispense chacun de faire son examen de conscience. D'où son insistance sur la responsabilité.

Dans une interview accordée à la journaliste Oriana Fallaci, bien plus tard, il précise sa pensée et donne sa version du 7 décembre 1970 :

« Il faut distinguer entre culpabilité et responsabilité. Je ne me sens pas coupable et trouve qu'il ne serait ni juste ni correct de considérer comme coupable mon peuple ou la génération à laquelle j'appartiens. Des fautes peuvent être attribuées à des individus, pas à des peuples ou des générations. Mais dans le cas de la responsabilité, c'est différent. Bien que je n'aie pas été un partisan d'Hitler, pour user d'un euphémisme, je ne peux pas m'exonérer d'une forme de responsabilité. [...] Il faut en effet se demander pourquoi Hitler est arrivé au pouvoir ? [...] Pas seulement parce qu'il s'est trouvé des millions de gens assez stupides pour le suivre, mais aussi parce que tous les autres n'ont pas été capables de l'arrêter. [...] Je ne me suis pas mis à genoux parce que j'avais une faute à avouer mais parce que je voulais m'identifier à mon peuple, un peuple auquel appartenaient des gens qui ont commis des crimes terribles. »

Après Brandt, d'autres hommes politiques ont tenté d'incarner la réconciliation et la prise en compte des fautes du passé. On pourrait citer Lech Wałęsa, en 1991, à la tribune de la Knesset, s'excusant pour le mal fait aux juifs pendant la Seconde Guerre mondiale. On pense évidemment à Jacques Chirac le 16 juillet 1995, lors des cérémonies du 53e anniversaire de la Rafle du Vel d'Hiv, qui reconnaît la responsabilité, pour la première fois, de la France dans la déportation des juifs. Ou encore, en 2001, aux excuses du Premier ministre japonais Jun'ichirō Koizumi, exprimant son « profond remords » pour les crimes commis par son pays en Corée du Sud avant 1945.

Mais aucun de ces moments n'a eu l'impact bouleversant de cet homme au visage pétrifié, s'agenouillant à Varsovie dans le froid glacial de décembre, pour prendre sa part d'un fardeau qui ne lui incombait pas.

XI

Jean-Marie Tjibaou
Faiseur de paix

Quand j'ai quitté la France pour Barcelone en 2018, l'une des choses qui m'ont le plus coûté fut d'abandonner la mission de l'Assemblée nationale pour l'avenir de la Nouvelle-Calédonie, chargée notamment de préparer le référendum que je présidais depuis 2017. Je me sentais passionnément attaché à ce territoire grand comme deux fois la Corse, que j'ai visité de nombreuses fois, et me refuse à l'appeler « le Caillou » car l'expression ne rend pas justice à la beauté et à la grandeur de cette terre. Je me sentais lié à ses habitants, à leur avenir, et à leur histoire.

Or c'est une histoire lourde, faite de blessures et d'humiliations. La France n'y a pas toujours eu le beau rôle. À partir de la prise de possession de ce territoire, en 1853, sa politique fut souvent brutale, guidée par la volonté de favoriser un peuplement européen aux dépens des Mélanésiens, dépossédés de leurs terres et astreints au statut de l'indigénat. Les Kanaks ont failli disparaître. Non seulement à cause des maladies apportées par les Européens, de la dureté des répressions, mais aussi parce que certains se sont laissé mourir de désespoir. Vers 1918, ils n'étaient plus que vingt-sept mille. Leur population avait baissé de moitié.

C'est aussi une histoire lourde à cause des reniements de l'État français. Le premier, dans les années cinquante. Les Kanaks, devenus citoyens de plein droit, obtiennent grâce à la loi-cadre Defferre (1956) une autonomie importante mais éphémère : au début des années soixante, la haute administration la leur retire au profit de la départementalisation.

Le deuxième intervient au mitan des années quatre-vingt. Alors qu'Edgard Pisani, ministre de la Nouvelle-Calédonie de François Mitterrand, a débloqué la situation en proposant le concept de « souveraineté-association » (1984), la nouvelle majorité issue des élections de mars 1986 revient en arrière. Pour les Kanaks, la France venait de manquer à sa parole. À partir de là se creuse un fossé de méfiance et d'incompréhension, qui va aboutir deux ans plus tard, en 1988, aux événements d'Ouvéa, pic de cette tragédie. Dans ces années-là, la guerre civile est proche.

C'est grâce à un homme comme Jean-Marie Tjibaou (1936-1989), figure éminente du nationalisme kanak, que nous évitons de basculer dans l'abîme. Malgré les morts, il accepte encore une fois de discuter avec la France, fait le pari des accords Matignon, prend le risque de serrer la main de son adversaire Jacques Lafleur, chef des anti-indépendantistes, en sachant qu'il va susciter l'incompréhension dans son propre camp. Le courage suprême de cet homme de paix lui vaudra de perdre la vie.

Jean-Marie Tjibaou a quelque chose d'un Mandela. Les Kanaks le savent, les métropolitains pas assez. Derrière sa bonhomie joviale se manifeste une incontestable grandeur. Quand on relit ses écrits, ses discours, ses interviews, on est frappé par la profondeur de sa pensée.

L'histoire du peuple kanak est marquée par la souffrance. La famille de Jean-Marie Tjibaou en a pris plus que sa part. Lors de la révolte de 1917, sa grand-mère fuit la répression en tenant son enfant contre elle. Elle est tuée d'une balle, l'enfant tombe mais survit : Wenceslas deviendra le père de Jean-Marie.

Ce dernier grandit à Tiendanite, dans la vallée de Hienghène. Un homme joue un rôle important, le père Rouel, qui le repère et l'incite à aller au séminaire. Jean-Marie devient prêtre. Il ne faut pas imaginer qu'il renie ses racines en s'engageant dans cette voie religieuse. D'abord parce que les églises chrétiennes, en Nouvelle-Calédonie, ont joué un rôle historiquement important dans la défense des Kanaks, des prêtres ou des pasteurs n'hésitant pas à s'affronter aux colons. Par ailleurs, Jean-Marie Tjibaou voyait une continuité entre sa culture et l'univers biblique : « Si vous lisez l'Ancien Testament, vous retrouvez des similitudes avec la culture kanake : les mythes, les généalogies, etc. Nous nous sentons très proches de la Bible, de l'Ancien Testament, et même du Nouveau... »

Cette période est consacrée à sa formation intellectuelle. Tjibaou est marqué par un certain nombre de lectures, par exemple celle d'Apollinaire Anova Ataba (1929-1966), prêtre et kanak comme lui, qui lui ouvre les yeux sur la situation de son peuple. En 1968, il passe deux ans à Paris, à l'École pratique des hautes études, et commence un travail d'ethnologue avec Jean Guiart sur « Les problèmes de l'identité culturelle canaque ». Il réalise à son retour que pour être pleinement kanak, il doit cesser d'être prêtre. Il redevient laïc en 1971 et se marie avec Marie-Claude Wetta.

En 1977, Jean-Marie Tjibaou est élu maire de Hienghéne sur une ligne clairement indépendantiste. Il s'impose peu à peu comme une personnalité importante du mouvement kanak. Il participe en juillet 1983 aux discussions de Nainville-les-Roches, organisées pour préparer un nouveau statut. Il représente le camp indépendantiste face à ceux emmenés par Jacques Lafleur, qui souhaitent le maintien dans la République. Aucun compromis n'est trouvé. Le FLNKS[1] se constitue en novembre 1984, avec comme mot d'ordre l'indépendance. Il préconise le boycott actif des élections : l'image du militant Éloi Machoro fracassant une urne fait le tour du monde et symbolise les doutes des Kanaks vis-à-vis de la République.

La violence couve, les esprits sont chauffés à blanc. Le 5 décembre 1984, sur la route de la mairie de Hienghéne d'où ils revenaient après une réunion, dix militants kanaks sont assassinés au lieu-dit Wan'yaat. Parmi les victimes, deux frères de Jean-Marie Tjibaou, Louis et Tarcisse.

À ce moment-là, souligne Alain Rollat dans son beau livre *Tjibaou le Kanak*[2], il a le sort de l'archipel entre ses mains. Des militants kanaks l'appellent à la vengeance, lui qui est personnellement touché par le drame : « Il eût suffi d'un cri de la part de Jean-Marie Tjibaou, ce 5 décembre au soir, d'un mot ou d'un geste de désespoir pour que la Nouvelle-Calédonie tout entière bascule dans l'hécatombe », écrit Rollat.

Mais ce mot, ou ce geste de désespoir, il trouvera la force intérieure de le retenir. Il dira cette phrase profonde qui pourrait définir toute son action politique : « Les morts ne peuvent être vengés autrement que par la victoire sur nous-mêmes, avec l'indépendance comme objectif. »

Les élections de 1986 rebattent donc les cartes. Jacques Chirac est Premier ministre. Bernard Pons, ministre des DOM-TOM, refuse le dialogue. Jean-Marie Tjibaou pressent la catastrophe. Il tente de réveiller l'opinion publique de la métropole, adresse une « Lettre ouverte au peuple français » : « Le colonialisme défigure un peuple et l'affaiblit en dépit des apparences immédiates. C'est la décolonisation qui le grandit et le fortifie. Ne gâchez-pas, ne gâchons pas les chances de solidarité et d'amitié entre les peuples kanaks et français. Seule, vous le savez bien, l'indépendance est susceptible de la préserver. »

Jean-Marie Tjibaou, déchiré, voit venir le sang. C'est dans ce contexte de montée des tensions que se produit le drame d'Ouvéa. Le 22 avril 1988, quatre gendarmes sont tués dans l'attaque de la brigade de Fayaoué, sur l'île d'Ouvéa, et les autres sont pris en otage par deux groupes. L'un des deux groupes se rend mais l'autre emmène ses otages (quinze personnes) dans une grotte du nord de l'île. Le 4 mai, le GIGN et les forces spéciales vont les libérer. Mais au prix de dix-neuf morts chez les Kanaks, et deux autres parmi les militaires français.

Quelques jours après, Michel Rocard, nouveau Premier ministre de François Mitterrand, est chargé du dossier. Je l'ai entendu souvent me parler de son engagement anticolonialiste, qui fut la racine de son militantisme. Il est hanté par un scénario à l'algérienne. Mais tout est à reconstruire, à commencer par la confiance. Il constitue d'abord une mission dirigée par Christian Blanc, qui avait participé à la mission Pisani en 1984, et dont la rigueur morale et le sens de l'État sont reconnus par tous. Il s'entoure d'hommes représentant les principaux courants spirituels : un catholique, le chanoine Guiberteau, un protestant, Jacques Stewart, un franc-maçon, Roger Leray, et pour compléter cette équipe, Pierre Steinmetz, haut fonctionnaire classé à droite, proche de Raymond Barre, et le juriste Jean-Claude Périer.

Cette mission va réussir à renouer les fils du dialogue. Christian Blanc a raconté, dans son livre *La Force des racines Kanak en Nouvelle Calédonie*[3], ce chemin semé d'embûches. La première rencontre avec Jean-Marie Tjibaou est décisive. Il accueille la délégation avec un discours où il exprime sans fard sa perte de confiance dans la parole de la France (« Nous avons constamment été humiliés ») mais en même temps sa volonté d'aller de l'avant : « Nous avons besoin d'une assistance sur le terrain pour nous aider à faire appel à la responsabilité pour construire. [...] Le résultat du travail, le partage du travail, nécessite de pouvoir travailler, il nous faut pouvoir créer des chantiers sur les côtes est et ouest et dans les îles Loyauté. Notre destin ne passe pas par l'assistanat et par les pleurnicheurs. Il ne passe pas par l'alcool. Le destin n'est pas au fond de la bouteille. »

Mais ensuite, quelques jours plus tard, le pessimisme et le doute semblent avoir repris du terrain dans l'esprit de Tjibaou. Pour faire avancer la discussion, Christian Blanc a une idée. Il lui demande de raconter la Nouvelle-Calédonie dont il rêve. Tjibaou sourit : « Un rêve comme celui de Martin Luther King ? » Dans sa petite salle de la mairie de Hienghéne, sous le portrait de François Mitterrand, il se livre comme jamais, pendant que la délégation prend des notes. Ce moment va changer beaucoup de choses. Les premiers mots qui lui viennent à l'esprit sont « Avoir le plus beau pays du Pacifique. [...] Polynésiens, Océaniens et Asiatiques s'y retrouveraient. Les Européens n'auraient pas à y perdre ».

Il montre une vision large des atouts de la Nouvelle-Calédonie, au-delà de l'économie : « La richesse est liée au patrimoine. Certes, du nickel, mais principalement la mer, l'eau, la lumière, la plage, le plaisir des yeux. » Il termine en disant : « Ce qui est essentiel, c'est le respect de l'identité kanake et d'une civilisation vieille de plusieurs siècles qui a été ignorée par les Occidentaux. » Et il ajoute : « ce que nous voulons, c'est la souveraineté. »

Mais la confiance doit aussi reposer sur une méthode. Christian Blanc doit convaincre le leader du FLNKS que la France ne reniera pas sa parole. Il s'adresse à Tjibaou : « Vous ne faites pas confiance au gouvernement français, d'accord, mais feriez-vous confiance au peuple français ? » Et Tjibaou répond : « Ça c'est autre chose. »

Cette petite phrase engage l'avenir. Une porte s'entrouvre. Tjibaou accepte une nouvelle fois de négocier, avec l'idée que si le peuple sanctionne un futur accord par référendum, le gouvernement français ne pourra pas revenir sur sa parole. C'est donc un tournant. Les discussions vont aboutir aux accords Matignon.

Dans l'un de ses derniers livres, *Faire la paix. Ce que nous enseignent les accords de Matignon*[4], Michel Rocard a raconté avec franchise et liberté les coulisses de cet accord que je n'ai pas personnellement vécu, puisque je ne suis arrivé dans son cabinet comme chargé des relations avec l'Assemblée nationale que quelques jours après.

Il a souligné combien tous les participants avaient une conscience aiguë de la gravité des enjeux, à la fois par responsabilité politique et à cause de considérations personnelles. La mort et la maladie planaient autour de la table des négociations. L'idée de la mort ne quittait pas Jean-Marie Tjibaou. Il ne pouvait oublier qu'il parlait au nom des tués d'Ouvéa, au nom de ses frères morts dans l'embuscade de Hienghéne. Quant à Jacques Lafleur, la maladie avait depuis longtemps posé ses griffes sur lui. Cardiaque, ponté deux fois, il est obligé de s'allonger toutes les trois ou quatre heures. Il subira une troisième opération quinze jours après les accords. Lui aussi est hanté par la mort, et par la volonté de laisser un avenir viable à la génération suivante. Michel Rocard est également frappé dans sa chair, victime de coliques néphrétiques très douloureuses qui nécessiteront son hospitalisation au Val-de-Grâce. Ces fragilités personnelles, intimes, de chacun des protagonistes donnent un tour dramatique aux négociations.

Quant à la méthode de Rocard, dans la lignée de celle de Pierre Mendès-France, elle consiste à mettre les deux parties au pied du mur en leur imposant un temps très court de négociation. Dans *Faire la paix*, Michel Rocard a rapporté le discours tenu aux deux délégations : « Voilà, nous sommes samedi soir ; je suis libre jusqu'à mardi midi. Il y a de quoi manger, de quoi dormir, mais il n'y aura pas d'autre rendez-vous. Nous sortirons d'ici au plus tard mardi avec la paix ou la guerre. » Et Rocard commente : « Ce mode de négociation brutal, je l'ai appris à Bruxelles, c'est la technique du conseil agricole ! » Voilà le protestant Rocard qui réhabilite la mode du conclave…

Finalement, il n'y aura même pas besoin d'attendre le mardi. Le dimanche 26 juin, sur le perron de Matignon, Michel Rocard, tout sourire, peut venir annoncer qu'un accord a été obtenu. Jean-Marie Tjibaou et Jacques Lafleur sont à ses côtés. Après une légère hésitation, ils se serrent la main.

Avec cet accord, Michel Rocard montre qu'il est possible de créer en politique, d'inventer en politique, et de déjouer les fatalismes.

Plus qu'une véritable résolution du conflit, c'est une mise entre parenthèses temporaire d'une solution institutionnelle. Le grand principe de la négociation est de renvoyer à dix ans le référendum d'indépendance, avec l'objectif de développer pendant ce temps une classe dirigeante kanake. Jean-Marie Tjibaou et Jacques Lafleur acceptent de tenter ce pari, qui sera sanctionné par le vote des Français au référendum de novembre 1988.

Quelques semaines après les accords Matignon, Michel Rocard se rend en Nouvelle-Calédonie, en août 1988. Le 26, à Nouméa, il tient un discours de courage et de vérité aux Caldoches, Français d'origine européenne : « La seule chance d'échapper à la violence, c'est de tourner la page d'un système inégalitaire [...]. La Nouvelle-Calédonie de papa, c'est fini [...]. Il y a eu le temps du pardon, il faut que vienne le temps du partage. »

Le 27, à Poindimié, il porte devant les Kanaks la même exigence : « Vous voulez partager les fruits du travail ? C'est juste. Mais pour cela il faut d'abord se mettre au travail, car si l'argent peut irriguer le champ, il n'apporte ni la semence des projets, ni le savoir-faire du paysan.

« Mettez-vous au travail : construire la Nouvelle-Calédonie de vos espoirs, c'est le seul moyen de ne pas être des assistés. On n'achète pas la dignité d'un peuple avec des subventions [...]. »

Cet appel aux initiatives concrètes suscite un puissant écho chez Jean-Marie Tjibaou, lui qui ne cesse de dire, avec ce sens de la formule qui le caractérise : « Rien ne sert de sortir de la grande porte de l'indépendance s'il faut revenir demain par la fenêtre de la mendicité. »

L'homme écoute en lui la voix qui veut construire. Mais d'autres écoutent la voix de la destruction. Le 4 mai 1989, Jean-Marie Tjibaou et son vieux compagnon Yeiwéné Yeiwéné sont assassinés par un membre du FLNKS, Djubelly Wéa, lors de la cérémonie de deuil organisée à Wadrilla, sur l'île d'Ouvéa, devant les tombes des victimes des événements de 1998, un an auparavant. Michel Rocard, très ému, réagit devant les caméras : « La communauté kanake perd un leader généreux, la Nouvelle-Calédonie un homme de réconciliation, et moi un ami. »

Mais la paix était sur de bons rails. Dix ans après les accords Matignon, en 1998, Lionel Jospin signe les accords de Nouméa qui en reprennent le principe :

retarder le référendum sur l'indépendance – de vingt ans cette fois – pour mieux préparer la classe politique mélanésienne aux responsabilités. On observe une continuité dans la politique française, fait assez rare pour être souligné.

J'ai résumé à grands traits la carrière de Jean-Marie Tjibaou. Même si ces épisodes sont connus, ils méritaient d'être rappelés. Ce qui est moins connu, moins célébré que son courage, ce sont les qualités de théoricien de Tjibaou. À relire ses discours, ses différentes interventions, on remarque la subtilité et la souplesse de sa pensée. Par exemple sur la notion de tradition. Il se montre très soucieux de ne pas donner une définition trop rigide de son peuple. L'identité, pour lui, n'est pas la fixité : « Nous voulons proclamer notre existence culturelle. Nous voulons dire au monde que nous ne sommes pas des rescapés de la Préhistoire, encore moins des vestiges archéologiques, mais des hommes de chair et de sang. »

Et pour bien enfoncer le clou de cette identité en mutation, ce qui est valable pour les Kanaks comme pour tout peuple, il oppose les notions de traditionnel et de tradition : « On parle toujours de la culture traditionnelle, mais qu'est-ce que le traditionnel ? Ce que les autres vivaient avant. Mais dans cent ans, c'est ce que nous vivons aujourd'hui qui sera traditionnel, et dans mille ans, ce que vous vivez aujourd'hui, ça va peut-être valoir de l'or ! Je crois qu'on a une conception trop archéologique de la culture… »

Pour l'avenir, il imagine une modernité kanake qui ne tomberait ni dans l'adoration de la marchandise, ni dans la volonté de s'arc-bouter à la tradition. En termes de développement économique, il fait preuve de la même souplesse d'approche que vis-à-vis de la tradition : « L'économie ne fait pas partie de notre patrimoine. Il faut utiliser l'économie mais nous ne serons jamais les meilleurs dans une compétition avec les Européens puisque pour eux, l'économie fait partie de leur système culturel. Nous n'avons pas le choix, à moins de refuser d'accéder à la souveraineté. Soit on reste ce que l'on est et on vivote, soit on utilise l'économie, on se bat en essayant de promouvoir nos valeurs, tout en sachant qu'il n'y a pas de société parfaite. »

Aujourd'hui, le système mis en place par les accords Matignon et de Nouméa atteint ses limites. La Nouvelle-Calédonie est à la croisée des chemins. Après trois consultations qui ont donné à chaque fois une majorité pour rester au sein de la France, il va falloir inventer quelque chose d'autre. Je n'ai pas de solution toute faite, mais je crois qu'on ne pourra réussir qu'en tirant les leçons de ce qui a marché depuis trente ans. Tout en admirant le parcours et le courage de Jean-Marie Tjibaou, indissociable de celui de Jacques Lafleur, je reste partisan du rattachement à la France. Sans la

Nouvelle-Calédonie, la France perd une étincelle de cette diversité qui fait sa grandeur. Sans la France, la Nouvelle-Calédonie perd la maîtrise de son destin. L'avenir est donc incertain. Mais au moins, cet avenir existe. Jean-Marie Tjibaou y est pour beaucoup.

XII

Jean Moulin
Un préfet au combat

Impossible d'achever cette galerie de personnages reliés par le fil du courage sans évoquer Jean Moulin (1899-1943).

Parler de lui est intimidant. Devant son héroïsme, toute phrase est guettée par le verbiage. Toute parole, fût-elle d'admiration, semble dérisoire. Il faudrait se taire. Se contenter d'admirer.

D'ailleurs, tant de choses ont déjà été dites ! Depuis une dizaine d'années, journalistes et historiens ont révélé de nombreuses facettes de cet homme, y compris dans sa vie privée. Ce qu'il a gagné en complexité, il ne l'a pas perdu en grandeur.

Peut-être existe-t-il un moyen de parler de Jean Moulin sans redite, sans pathos : en écoutant tout simplement sa voix. Car – fait extraordinaire – nous disposons des mots de Jean Moulin, écrits de sa propre main, au cœur de l'hiver 1941, dans sa maison familiale des Alpilles. Ce texte avait une signification importante pour lui, au point qu'il envisagea un moment de l'emporter avec lui en Angleterre. Que comptait-il en faire exactement ? Jean-Pierre Azéma émet l'hypothèse qu'il « voulait porter témoignage sur la réalité de ce qu'avait été l'Occupation dès ses débuts[1] ». Sa sœur, Laure Moulin, retrouva ces pages après la guerre. Elle les publia en 1947 aux éditions de Minuit sous le titre *Premier combat*, avec une préface du général de Gaulle.

Jean Moulin y raconte les jours chaotiques de juin 1940 où, en tant que préfet d'Eure-et-Loir, il s'évertue à maintenir un semblant d'organisation économique et sociale dans la ville de Chartres. Il y raconte le protocole infamant que les Allemands voulurent lui faire signer, et sa résistance jusqu'au suicide.

C'est un document exceptionnel. D'abord sur juin 1940. Avec son acuité d'organisateur et sa sensibilité d'artiste, Jean Moulin se montre un extraordinaire observateur. Il voit tout, note tout. Il décrit comment s'enchevêtrent l'admirable et le lamentable. De saisissants détails pris sur le vif font sentir la débâcle de 1940 comme jamais.

Le lecteur découvre aussi sa manière de réagir aux événements. Son courage, son énergie. Sa colère, parfois sa tristesse. Sa volonté de ne jamais renoncer, qui fera de lui l'infatigable organisateur de la résistance. Son fulgurant destin se trouve en germe dans ces quelques pages écrites au cœur de l'hiver 1941. Tout est là.

Le contexte est celui d'une débâcle militaire accélérée. À partir du 6 juin, la ligne de défense française s'appuyant sur la Somme et sur l'Aisne ne tient pas. Le 8 juin, le front français est disloqué. L'exode commence. Le 11 juin, le préfet Jean Moulin fait placarder sur les murs de la ville une affiche appelant la population à garder son sang-froid. On admire la fermeté de ton de cet appel, qui mérite d'être cité en entier :

« Habitants d'Eure-et-Loir,

Vos fils résistent victorieusement à la ruée allemande.

Soyez dignes d'eux en restant calmes.

Aucun ordre d'évacuation du département n'a été donné parce que rien ne le justifie.

N'écoutez pas les paniquards qui seront d'ailleurs châtiés. Déjà, des sanctions ont été prises. D'autres suivront.

Il faut que chacun soit à son poste. Il faut que la vie économique continue. Les élus et les fonctionnaires se doivent de donner l'exemple. Aucune défaillance ne saurait être tolérée.

Je connais les qualités de sagesse et de patriotisme des populations de ce département.

J'ai confiance.
Nous vaincrons.
Le préfet d'Eure-et-Loir, Jean Moulin. »

Il ne sera pas vraiment écouté. À partir du 14 juin, les Allemands sont à Paris. Le gouvernement se replie sur Bordeaux. Jean Moulin n'a plus aucun contact avec le ministère de l'Intérieur, son autorité de tutelle. Personne ne lui reprocherait de partir, comme tant d'autres préfets. La plupart des autorités, au contraire, font leurs valises. Certains pour résister plus loin. Beaucoup par panique. Mais il décide de rester.

On sent Jean Moulin choqué par cette désertion des élites. Le sénateur-maire est parti, ainsi que l'archevêque. Les conseillers généraux, les pompiers, les guetteurs militaires, les gendarmes, le service de l'intendance, chargé du ravitaillement, ont déguerpi. Au sein même de la préfecture, des défections apparaissent : « Je les exhorte, je les adjure. Ils obéissent et retrouvent un certain automatisme professionnel, mais je sens bien qu'à quelques exceptions près, dont mon chef de cabinet et mon huissier personnel, je ne peux plus compter sur eux. »

Cas le plus frappant de cette panique généralisée : le directeur du service des eaux, parti après avoir fermé les vannes, ce qui prive d'eau toute l'agglomération.

Dans cette nuit de tous les abandons, des étincelles de solidarité réconfortent le préfet : « Tel qui, hier, était rédacteur de journal, est chargé de me seconder dans la répartition des vivres ; un de ses confrères, du journal concurrent, se consacrera à la police et dirigera la petite équipe de volontaires que nous avons constituée. »

Avec ces quelques bonnes volontés, Jean Moulin doit affronter mille difficultés. Il n'y a plus d'eau, plus de gaz, plus d'électricité donc plus de téléphone, et plus de nouvelles. Il y a des incendies, des pillages, des rumeurs. Des cadavres à enterrer, des planches à clouer sur les portes fracturées des magasins pour limiter les vols.

Il faut surtout faire face à l'afflux de réfugiés. Des centaines de milliers de personnes venues de Paris et de sa banlieue passent par Chartres pour gagner le Sud. Ces foules arrivent dans un état lamentable, après avoir subi le traumatisme des bombardements allemands. Des femmes sont séparées de leur mari, des mères de leurs enfants. Les réfugiés s'accrochent par grappes à la Citroën que Jean Moulin conduit pour faire sa tournée. Bientôt, on la lui vole. Il se désole de constater que ce sont des soldats français. Il fera désormais ses inspections à bicyclette.

Hagards, ces réfugiés sont de surcroît affamés. Jean Moulin improvise des centres d'accueil dans deux hôtels de Chartres et dans une école. Une grande partie du récit est consacrée à un problème très concret : comment remettre en fonctionnement les boulangeries quand tous les boulangers ont déguerpi ?

Là encore, des bonnes volontés émergent du dénuement. Un vieil ouvrier boulanger apporte son aide. Jean Moulin lui procure deux autres volontaires. Une vieille paysanne qui a fait du pain dans sa jeunesse propose ses services. Voilà deux boulangeries réactivées.

Alors, au milieu de la panique et de l'angoisse, au milieu de ces jours et de ces nuits passés à colmater les brèches, telle une récompense providentielle, du pain chaud sort des fours.

Jean Moulin, ému, réconforté, s'autorise une confidence : « Je me rappelle avoir entendu, dans mon enfance, un vieux paysan raconter que sa mère lui faisait baiser, avant de le manger, le morceau de pain qu'elle lui donnait. Je n'avais pas très bien compris, alors. Aujourd'hui, si j'osais, j'embrasserais ce pain blanc qui va nous sauver. »

À partir du 16 juin, Jean Moulin est mis en présence de régiments de l'armée française en train de se replier. Il parle avec certains des chefs. L'un des commandants le félicite : il est le premier préfet à son poste qu'il croise. Il parle avec les soldats. Il s'emploie à les réconforter. Il découvre en eux de la lassitude, mais aussi l'envie d'en découdre : « Ils ont bon moral, malgré cela, malgré ces défaites, malgré tout. Et je sens qu'il suffirait de peu pour les faire se battre avec la rage au ventre, comme il le faudrait dans une lutte qui a un tel enjeu. »

Un peu plus tard, il dialogue avec de jeunes conducteurs de char, navrés de devoir toujours reculer : « Chaque fois que nous avons contre-attaqué, ça a été dur mais les boches ont foutu le camp. »

Les Allemands finissent par arriver. Jean Moulin tient à ce que sa ville offre à l'ennemi le visage le plus digne possible. Ce n'est pas seulement pour garder la tête haute : il s'agit de répondre par avance à la propagande allemande qui placarde dans les villes conquises *Populations abandonnées, faites confiance au soldat allemand.*

En uniforme de préfet, il attend donc l'ennemi dans la cour de la préfecture, en compagnie du coadjuteur de l'archevêque et du seul conseiller municipal qui n'a pas fui. Nous sommes le 17 juin.

La veille, au sud de Chartres, le 26e régiment de tirailleurs sénégalais s'est battu contre les Allemands et leur a infligé de lourdes pertes. Les Allemands se sentent humiliés. Ils veulent déshonorer ces soldats de couleur qui ont résisté avec vaillance. Le lendemain, ils demandent à Jean Moulin de signer un protocole attestant que les tirailleurs ont violé des femmes et des enfants. Jean Moulin refuse. Daniel Cordier, qui sera plus tard son secrétaire, résume les choses avec sobriété dans son livre *Jean Moulin. La République des catacombes*[2] : « Ce soir-là, le combat pour l'honneur se poursuivit sur un autre terrain que celui des armes. Sans rien connaître des faits, Moulin se porta garant de la conduite et de l'innocence de ceux qu'il considérait comme ses frères dans le malheur. »

Il est alors durement tabassé pendant plusieurs heures par des soldats qui ne sont pas des SS, comme le note Laure Moulin, mais des soldats de la Wehrmacht. Comme il exige des preuves, on le conduit sur le lieu du soi-disant crime, près de Saint-Georges-sur-Eure. Jean Moulin se rend compte que les cadavres qu'on lui présente sont criblés d'éclats d'obus, donc victimes des bombardements. Il le dit. Nouveau tabassage en règle, coups de crosse. De retour à Chartres, on l'enferme dans la même pièce qu'un tirailleur sénégalais. Il est une heure du matin, il vient d'être longuement battu, et les Allemands le quittent en disant : « Demain matin vous signerez. »

Jean Moulin, à bout de forces, a peur de céder. Il envisage la mort sans trembler. Quelques lignes traduisent sa résolution intérieure : « La mort ? [...] elle ne me fait pas peur. Il y a quelques jours encore, en me prenant, elle eût fait un vide ici, dans le camp de la résistance. Maintenant, j'ai rempli ma mission, ou plutôt, je l'aurai remplie jusqu'au bout quand j'aurai empêché nos ennemis de nous déshonorer. »

Il voit des débris de verre au sol. Assez tranchants pour se couper la gorge. « Quand la résolution est prise, il est simple d'exécuter les gestes nécessaires à l'accomplissement de ce qu'on croit être son devoir. »

Le lendemain, il vit toujours, après avoir perdu beaucoup de sang. Mais il a gagné ce premier combat : il n'est plus en état de signer, et l'affaire s'est ébruitée dans les hautes sphères du commandement allemand, qui n'y voit pas une bonne publicité pour sa cause.

Quelques jours plus tard seulement, il se remet à son travail de préfet. Il restera cinq mois en poste sous l'occupation allemande, multipliant les interventions pour défendre ses administrés contre les pillages et abus divers. Au bout de quelques mois, il se rend à l'évidence : il vaut mieux résister de l'extérieur que de l'intérieur. Mais selon Jean-Pierre Azéma, l'expérience vécue en juin 1940 a certainement infléchi sa vision politique. D'abord en étant confronté à la bestialité raciste des nazis, ce qui n'a pu que le conforter dans son opposition irréductible à l'hitlérisme. Par ailleurs, ce fils d'un conseiller général de Béziers, dont la vision du monde opposait jusqu'alors républicains et antirépublicains, a pu mesurer dans ces jours de débâcle que la ligne de partage entre courageux et défaitistes était bien plus complexe que les anciennes frontières politiques : il a vu le dévouement admirable des sœurs de la Charité, qui se sont occupées des malades et des blessés ; il a vu aussi des responsables politiques républicains détaler comme des lapins, tandis que l'ancien maire de droite, Maurice Vidon, lui apportait une aide irremplaçable. Pour Jean-Pierre Azéma, Jean Moulin en a certainement tiré les leçons : « À ses yeux, la donne s'était modifiée et les critères qui avaient été les siens avaient été changés. » Ce qui le préparait sans doute à son action future.

En novembre 1940, il est révoqué par Vichy. Il quitte Chartres le 16. Pendant plusieurs mois, il noue des contacts avec différents mouvements de résistance, en particulier dans la zone sud. Le 9 septembre 1941, sous le nom de Joseph Mercier, il quitte la France pour gagner Lisbonne et l'Angleterre. Le 25 octobre, il rencontre le général de Gaulle. La suite figure dans les livres d'histoire.

Le courage de Jean Moulin préfet est souvent éclipsé par celui de l'unificateur de la Résistance, mort sous la torture sans avoir parlé. Mais son action comme préfet mériterait d'être plus connue. Toutes ces choses concrètes qu'il accomplit dans le chaos des événements attestent son énergie, son talent d'organisateur. Elles indiquent le sens profond qu'il donnait à la mission de servir l'État. Avant d'être l'homme dont Malraux disait « Il n'est pas celui qui a fait les bataillons, mais il est celui qui a fait l'armée », Jean Moulin a remis en route les boulangeries d'une ville abandonnée pour nourrir la foule hagarde des réfugiés. Il a maintenu l'espoir, empêché le tissu social et économique de se défaire, et, au cœur de l'action, écrit à sa sœur et à sa mère le 15 juin 1940 : « Je ne savais pas que c'était si simple de faire son devoir quand on est en danger. »

Post-scriptum

Zelensky et le courage

À l'heure d'achever ce livre se déroulent depuis un an en Ukraine de tragiques événements dont l'issue va déterminer le destin de l'Europe pour le XXIe siècle. Comme tant de Français, comme tant d'Européens, j'ai salué la résistance du président Volodymyr Zelensky aux premiers jours de l'invasion russe. Parlant ici du courage – et de son actualité –, il me semblait impossible de ne pas ajouter quelques lignes sur celui qui l'a incarné, plus que tout autre, au cours des derniers mois.

Le 24 février 2022, au moment où Poutine a déclenché son offensive, Zelensky avait deux options : partir ou rester. C'était son moment de vérité. Partir, c'était abandonner ses concitoyens, peut-être entacher son honneur. Rester, c'était risquer sa vie et celle des siens, au moment où circulaient les rumeurs – très plausibles – sur la présence en Ukraine des milices Wagner déployées pour s'emparer de lui. Aux Américains qui lui proposaient de l'exfiltrer, il fait cette réponse pleine de panache : « Je n'ai pas besoin d'un taxi, j'ai besoin de munitions. » Je ne sais pas quelles sont les valeurs qui l'animent. Je ne sais pas où il a puisé le courage de cette résolution. Parmi ses nombreuses déclarations, j'ai retrouvé une petite phrase passée un peu inaperçue mais recelant quelques indices : « Je crois sincèrement que tout ce qu'on laisse à nos enfants, c'est notre réputation. »

Après avoir admiré son courage quand il décida de rester, j'ai observé sa communication si souple, si moderne, si efficace. Par son maniement virtuose des réseaux sociaux, comme lorsqu'il se filme lui-même dans les rues de Kiev pour attester sa présence, il a su créer un sentiment de proximité extraordinaire avec ses concitoyens, ainsi qu'avec les spectateurs européens. Par contraste, Poutine semble se rigidifier à vue d'œil et se montre tel qu'il est vraiment : un homme du siècle dernier, un maréchal soviétique.

Je ne prends pas Zelensky pour un ingénu propulsé à son corps défendant dans un monde de cyniques et de brutes. Son habileté est manifeste lorsqu'il s'adresse aux représentants des différents pays occidentaux. Jamais un responsable politique ou un homme d'État n'a utilisé les techniques de la communication pour s'adresser à autant d'assemblées, de parlements, d'événements culturels (Oscars, festival de Cannes...). Comme tout le monde, j'ai observé combien il s'adaptait à chaque contexte, parlant de Pearl Harbor aux Américains, de Churchill aux Anglais, et aux Français de Verdun et de Belmondo : « Nous ne devons plus nous dire adieu sous les bombes mais quand l'heure vient. Nous devons nous dire au revoir comme la France a pu le dire à Belmondo. »

Zelensky est un très habile communicateur, mais pas au point de basculer dans la manipulation. Il a su se tenir à distance des déclarations trop outrancières. Il est resté assez sobre. Il a compris que pour galvaniser son peuple, il n'avait pas besoin de travestir la réalité, mais de manifester sa présence quotidienne et sa détermination.

Je ne prends pas non plus Zelensky pour un héros immaculé. Lors de son ascension politique en Ukraine, il a beaucoup cédé au mélange des genres, utilisant sans complexe le succès de la série *Serviteur du peuple* où il incarnait un intègre professeur d'histoire révolté par la corruption ravageant la classe politique ukrainienne. Il a sciemment brouillé la frontière entre fiction et réalité pour l'emporter largement devant son rival Petro Porochenko en avril 2019. On verrait donc à tort dans son ascension le *remake* d'un film de Frank Capra ; Volodymyr Zelensky n'est pas Mr. Smith au Sénat... Son ascension fut soutenue par des intérêts puissants, parfois douteux, comme ceux de l'oligarque Ihor Kolomoïsky, à la tête de la chaîne de télévision 1 + 1, qui lui offrit un accès illimité à ses émissions et qui fit sa fortune.

Ces réserves, bien des Ukrainiens les partageaient quelques jours avant l'invasion soviétique. Les deux premières années du mandat de Zelensky avaient été décevantes. Plusieurs de ses promesses n'avaient pas été tenues, comme celle d'éradiquer la corruption de la classe politique. Si bien que deux jours avant l'invasion russe, le rédacteur en chef de *The Kyiv Independent* émettait un jugement particulièrement sévère sur l'action du président de l'Ukraine à mi-mandat : « Zelensky le showman et l'artiste a été démasqué par la réalité. Et celle-ci l'a revêtu d'une médiocrité déconcertante. »

Mais l'invasion russe a rebattu les cartes. Bernard-Henri Lévy, lui-même si engagé pour l'Ukraine, dans un beau portrait publié dans *Le Journal du dimanche*, raconte bien la transformation de l'ancien clown et artiste de stand-up en chef de guerre. Zelensky a semblé, aux premiers moments du conflit, se métamorphoser. Le héros juvénile, au visage lisse, de *Serviteur du peuple* est devenu un homme aux traits marqués, plus massif, plus lourd, dont la densité physique semble différente. Artifice de communication ? Peut-être, mais pas seulement. On a senti qu'il n'y avait pas l'épaisseur d'une feuille de papier à cigarette entre ce qu'il dit et la manière dont il le dit.

Qu'il incarnait totalement sa fonction, et le courage de tout un pays. Peut-être y a-t-il une part de rédemption dans cette métamorphose de l'histrion en homme d'État et de la fiction à la réalité ?

Marioupol, ville martyre, a été rasée. Des crimes atroces ont été perpétrés. La menace nucléaire est agitée. Les Ukrainiens ont résisté admirablement. Ils ont mené plusieurs contre-offensives et regagné du terrain. La guerre a légué des conséquences géopolitiques et économiques considérables. Nous subissons une crise énergétique majeure mais l'Union européenne et l'Alliance atlantique semblent davantage unies. Nous sommes moins naïfs, peut-être moins cyniques et nous comprenons mieux, espérons-le, le sens de nos valeurs, de la démocratie et de la liberté. Nul ne sait ce qu'il adviendra de cet homme, nul ne sait quelle trace il laissera dans l'Histoire. Mais si l'on avait, en cette fin du mois de janvier 2023 où j'écris ces lignes, interrogé les citoyens européens pour donner une incarnation à la vertu de courage, celle-ci aurait eu le visage de Volodymyr Zelensky.

Notes

Introduction, p. 11

1. Tallandier, 2019.
2. *La Fin du courage. La reconquête d'une vertu démocratique*, Fayard, 2010.
3. *Le Courage de la nuance*, Seuil, 2021.
4. *Actuelles*, Gallimard, 1948.
5. Cet article et le discours – inconnu du public français – du jeune Milan Kundera devant le Congrès des écrivains tchécoslovaques en 1967 ont été réunis par Pierre Nora dans un même ouvrage *Le Débat* (Gallimard, 2021).
6. Les Échappés, 2015.
7. Actes Sud, 2010.
8. « Personnalité et pouvoir. Bâtisseurs et destructeurs de l'Europe moderne », ouvrage non traduit en français, Penguin, 2022.
9. Discours du 19 décembre 1989 à Dresde.
10. *Napoléon et de Gaulle. Deux héros français*, Perrin, 2017.
11. *La Vie de Disraeli* (1927), *René ou la Vie de Chateaubriand* (1938).

Les mots de Charb, p. 33

1. Yannick Haenel et François Boucq, *Janvier 2015. Le procès*, Les Échappés, 2021.
2. Riss, *Une minute quarante-neuf secondes*, Actes Sud/Les Échappés, 2019.
3. Denise Charbonnier, *Lettre à mon fils Charb*, J.-C. Lattès, 2021.
4. Luz, *Indélébiles*, Futuropolis, 2018.
5. Charb, *Lettre aux escrocs de l'islamophobie qui font le jeu des racistes*, Les Échappés, 2015.

6. Caroline Fourest, *Éloge du blasphème*, Grasset, 2015.
7. Élie Barnavi, *Les Religions meurtrières*, Flammarion, 2006.
8. Réalisé par Nakoula Basseley Nakoula (et Alan Roberts pour la première version).
9. Réalisé par Olivier Nakache et Éric Toledano.
10. Vladimir Jankélévitch, *L'Imprescriptible*, Le Seuil, 1986.
11. Jean Birnbaum, *La Religion des faibles. Ce que le djihadisme dit de nous*, Seuil, 2018.

Sébastien Castellion, p. 51

1. Commerçant protestant de Toulouse au XVIIIe siècle, accusé d'avoir assassiné son fils pour l'empêcher de se convertir au catholicisme.

Les larmes du tigre, p. 65

1. Pour découvrir les multiples facettes de Clemenceau, je renvoie aux belles biographies éponymes de Jean-Baptiste Duroselle (Fayard, 1988) ou de Michel Winock (Perrin, 2007), qui sont des bonheurs de lecture, ainsi qu'au livre de Jean-Jacques Becker *Clemenceau chef de guerre* (Armand Colin, 2012).
2. Section française de l'Internationale ouvrière.

Louise Michel, p. 81

1. Michel Ragon, *Georges & Louise*, Albin Michel, 2000.
2. Les spectateurs du procès.

Nadejda et Ossip Mandelstam, p. 97

1. Tzvetan Todorov, *Le Triomphe de l'artiste*, Flammarion, 2017.
2. Robert Littell, *L'Hirondelle avant l'orage*, Baker Street, 2009.

Malraux contre le manichéisme, p. 107

1. Coréalisé avec Boris Peskine.
2. Olivier Todd, *André Malraux. Une vie*, Gallimard, 2001.
3. Parti ouvrier d'unification marxiste.

NOTES DES PAGES 121 À 185

De Gaulle-Churchill, p. 119

1. Julian Jackson, *De Gaulle. Une certaine idée de la France*, Seuil, 2019.
2. La BBC.
3. Bureau central de renseignements et d'action.
4. Rassemblement du peuple français.
5. Sans les passages sur la formation du gouvernement.
6. Charles de Gaulle, *Grands discours de guerre*, Perrin, 2010.

Camus, l'homme déchiré, p. 141

1. La torture.
2. Front de libération nationale.

343 courages, p. 153

1. Union des démocrates pour la République.
2. Mouvement de libération des femmes.
3. Gisèle Halimi, Annick Cojean, *Une farouche liberté*, Grasset, 2020.
4. Dans la proposition de loi de Claude Peyret.
5. Élisabeth Badinter, *Fausse route*, Odile Jacob, 2003.
6. Parti socialiste unifié.

Willy Brandt, p. 165

1. Parti social-démocrate d'Allemagne.
2. Parti ouvrier socialiste.
3. République fédérale allemande.
4. République démocratique allemande.
5. Hélène Miard-Delacroix, *Willy Brandt*, Fayard, 2013.
6. Union chrétienne-démocrate d'Allemagne.
7. Police politique est-allemande.
8. Principal service de renseignements de l'URSS post-stalinienne.

Jean-Marie Tjibaou, p. 177

1. Front de libération nationale kanak et socialiste.
2. La Manufacture, 1989.
3. Christian Blanc, *La Force des racines Kanak en Nouvelle Calédonie*, Odile Jacob, 2021.
4. Double ponctuation, 2021.

Jean Moulin, p. 193

1. Jean-Pierre Azéma, *Jean Moulin. Le rebelle, le politique, le résistant*, Perrin, 2003.
2. Daniel Cordier, *Jean Moulin. La République des catacombes*, Gallimard, 1999.

Bibliographie

INTRODUCTION

Hannah Arendt, *Le Système totalitaire*, Seuil, 1972.
Jean Birnbaum, *Le Courage de la nuance*, Seuil, 2021.
Javier Cercas, *Anatomie d'un instant*, Actes Sud, 2010.
Winston Churchill, *Mes grands contemporains*, Tallandier, 2019.
Geneviève de Gaulle-Anthonioz, *La Traversée de la nuit*, Le Seuil, 1998.
Cynthia Fleury, *La Fin du courage. La reconquête d'une vertu démocratique*, Fayard, 2010.
François Furet, *Penser la Révolution française*, Gallimard, 1978.
Patrice Gueniffey, *Napoléon et de Gaulle. Deux héros français*, Perrin, 2017.
Ian Kershaw, *Personality and Power. Builders and Destroyers of Modern Europe*, Penguin, 2022.
Milan Kundera, *Un occident kidnappé ou la tragédie de l'Europe centrale*, Gallimard-Le débat, 2021.
Denis Langlois, *Panagoulis : le sang de la Grèce*, Maspero, 1969.
Jacques Le Goff, *Saint-Louis*, Gallimard, 1996.
André Maurois, *La Vie de Disraeli*, Folio, 1978.
André Maurois, *René ou la Vie de Chateaubriand*, Grasset, 2005.
Paul Murray Kendall, *Louis XI*, Fayard, 1971.
Pierre Nora, *Une étrange obstination*, Gallimard, 2022.
François Sureau, « Qu'est-ce que le courage ? Discours sur la Vertu » de l'Académie française, *Le Figaro*, 1er décembre 2022.
Hugh Thomas, *El Imperio español de Carlos V*, Booket, 2012.
Léon Tolstoï, *Guerre et Paix*, 1867.
Max Weber, *Économie et Société*, Pocket, 2003.

LES MOTS DE CHARB

Elie Barnavi, *Les Religions meurtrières*, Flammarion, 2006.
Jean Birnbaum, *La Religion des faibles. Ce que le djihadisme dit de nous*, Le Seuil, 2018.
Charb, *Lettre aux escrocs de l'islamophobie qui fait le jeu des racistes*, Les Échappés, 2015.
Denise Charbonnier, *Lettre à mon fils Charb*, J.-C. Lattès, 2021.
Vincent Duclert, *L'Affaire Dreyfus*, La Découverte, 2018.
Vincent Duclert, *Premiers combats. La démocratie républicaine et la haine des Juifs*, « Tracts », Gallimard, 2021.
Caroline Fourest, *Éloge du blasphème*, Grasset, 2015.
Yannick Haenel et François Boucq, *Janvier 2015. Le procès*, Les Échappés, 2021.
Vladimir Jankélévitch, *L'Imprescriptible*, Le Seuil, 1986.
Alexis Lacroix, *J'accuse ! 1898-2018. Permanences de l'antisémitisme*, L'Observatoire, 2018.
Philippe Lançon, *Le Lambeau*, Gallimard, 2018.
Luz, *Indélébiles*, Futuropolis, 2018.
Pascal Ory, *De la haine du Juif*, Bouquins, 2021.
Riss, *Une minute quarante-neuf secondes*, Actes Sud/Les Échappés, 2019.
Pierre-André Taguieff, *Sortir de l'antisémitisme*, Odile Jacob, 2022.
Philippe Val, *C'était Charlie*, Grasset, 2015.

SÉBASTIEN CASTELLION

Olivier Abel, *Jean Calvin*, Pygmalion, 2009.
Ferdinand Buisson, *Dictionnaire de pédagogie*, Préface de Pierre Nora, Robert Laffont, 2017.
Ferdinand Buisson, *Sébastien Castellion, sa vie et son œuvre*, Hachette BNF, 2012.
Patrick Cabanel, *Ferdinand Buisson, Père de l'école laïque*, Labor et Fides, 2016.
Stefan Zweig, *Conscience contre violence*, PUF, 2010.
Stefan Zweig, *Érasme : Grandeur et décadence d'une idée*, Grasset, 2003.
Stefan Zweig, *Le Monde d'hier*, Gallimard, 2013.
Stefan Zweig, *Montaigne*, PUF, 2004.

BIBLIOGRAPHIE

LES LARMES DU TIGRE

Jacques Becker, *Clemenceau chef de guerre*, Armand Colin, 2012.
Georges Clemenceau, *Claude Monet. Les Nymphéas*, Bartillat, 2010.
Georges Clemenceau, *Grandeurs et misères d'une victoire*, Présentation par Jean-Noël Jeanneney, Perrin, 2010
Georges Clemenceau, *La Mêlée sociale*, Hachette BNF, 2014.
Jean-Baptiste Duroselle, *Clemenceau*, Fayard, 1988.
Michel Winock, *Clemenceau*, Perrin, 2007.
Michel Winock, *Dictionnaire Clemenceau*, Préface de Jean-Noël Jeanneney, Robert Laffont, 2017.

LOUISE MICHEL

Victor Hugo, *« Viro major » (écrit en 1871), Toute la lyre*, 1888. Manuscrit conservé à la BNF.
Louise Michel, *Lettres à Victor Hugo*, Mercure de France, 2005.
Louise Michel, *Mémoires*, Édition établie, présentée et annotée par Claude Rétat, Gallimard, 2021.
Michel Ragon, *Georges & Louise*, Albin Michel, 2000.
Edith Thomas, *Les « Pétroleuses »*, Gallimard, 2021.

NADEJDA ET OSSIP MANDELSTAM

Nadejda Mandelstam, *Contre tout espoir*, *Souvenirs*, Préface de Joseph Brodsky, Gallimard, 2012.
François Furet, *Le Passé d'une illusion. Essai sur l'idée communiste au XXe siècle*, Robert Laffont/Calmann-Lévy,1995.
Bernard-Henri Lévy, *La Barbarie à visage humain*, Grasset, 1977.
Robert Littell, *L'Hirondelle avant l'orage*, Baker Street, 2009.
Ossip Mandelstam, *Œuvres complètes*, Le bruit du temps/La Dogana, 2018.
Dimitri Manessis et Jean Vigreux, *Rino Della Negra, Footballeur et partisan*, Libertalia, 2022.
Alexandre Soljenitsyne, *Une journée d'Ivan Denissovitch*, Julliard,1963.
Alexandre Soljenitsyne, *L'Archipel du Goulag*, BNF, 1974.
Tzvetan Todorov, *Le Triomphe de l'artiste*, Flammarion, 2017.

MALRAUX CONTRE LE MANICHÉISME

Bartolomé Bennassar, *La Guerre d'Espagne et ses lendemains*, Perrin, 2006.
José Bergamin, *Le Clou brûlant*, Préface d'André Malraux, Plon, 1972.

LE COURAGE GUIDAIT LEURS PAS

Arthur Koestler, *Un Testament espagnol*, Albin Michel, 1986.
Jean Lacouture, *André Malraux. Une vie dans le siècle*, Le Seuil, 1973.
André Malraux, *Espoir, Sierra de Teruel* (mise en scène du film en 1938. Il sortira en France en 1945 sous le titre de l'*Espoir*).
André Malraux, *La Condition humaine*, 1933.
André Malraux, *L'Espoir*, 1937.
George Orwell, *Hommage à la Catalogne*, 10/18, 1999.
Paul Preston, *La Guerra civile española*, Penguin Random house, 2016.
Paul Preston, *Une guerre d'extermination*, Espagne 1936-1945, Belin, 2016.
Olivier Todd, *André Malraux. Une vie*, Gallimard, 2001.
Xavier Valls, *La Meva capsa de Pandora*, Quaderns Crema, 2004.

DE GAULLE-CHURCHILL

Winston Churchill, *Discours de guerre*, Tallandier, 2022 (édition bilingue).
Charles de Gaulle, *Grands discours de guerre*, Perrin, 2010. Préface de Régis Debray.
Charles de Gaulle, *Mémoires de guerre*, Plon, 1954, 1956, 1959.
Julian Jackson, *De Gaulle. Une certaine idée de la France*, Le Seuil, 2019.
Jean-Noël Jeanneney, *Georges Mandel*, Le Seuil, 1991.
Laurent Joly, *La Falsification de l'Histoire. Éric Zemmour, l'extrême droite, Vichy et les Juifs*, Grasset, 2022.
John Keegan, *Winston Churchill. Une vie*, Les Belles Lettres, 2018.
François Kersaudy, *De Gaulle et Churchill. La mésentente cordiale*, Perrin, 2001.
François Kersaudy, *Winston Churchill*, Tallandier, 2000 ; 2021.
Jean Lacouture, *De Gaulle*, Le Seuil, 1984, 1985, 1986.
Andrew Roberts, *Churchill*, Perrin, 2020.
Michel Winock, *Charles de Gaulle*, Gallimard, 2019.

CAMUS, L'HOMME DÉCHIRÉ

Albert Camus, *Actuelles III. Chroniques algériennes, 1939-1958.*
Albert Camus, Arthur Koestler et Jean Bloch-Michel, *Réflexions sur la peine capitale*, 1957.
Albert Camus, *Discours de Suède*, Gallimard, 1958 ; 1997.
Albert Camus, *Les Justes*, 1949.
Albert Camus, *L'Homme révolté*, 1951.
Albert Camus, *Le Premier homme*, 1994.
Albert Camus, *Réflexions sur la guillotine*, 1957.

BIBLIOGRAPHIE

Arthur Koestler, *Le Zéro et l'Infini*, (publié en 1945 en France), Calmann-Lévy, 2022.
Michel Onfray, *L'Ordre libertaire. La vie philosophique d'Albert Camus*, Flammarion, 2012.
Olivier Todd, *Albert Camus, une vie*, Gallimard, 1996.

343 COURAGES

Elisabeth Badinter, *Fausse route*, Odile Jacob, 2003.
Gisèle Halimi, Annick Cojean, *Une farouche liberté*, Grasset, 2020.
Simone de Beauvoir, *Le Deuxième Sexe*, Gallimard, 1949.

WILLY BRANDT

Willy Brandt, *Mémoires*, Albin Michel, 1990.
Hélène Miard-Delacroix, *Willy Brandt*, Fayard, 2013.
Gérard Saint-Paul, *L'Agenouillement au Ghetto*, Michel de Maule, 2012.

JEAN-MARIE TJIBAOU

Christian Blanc, *La Force des racines Kanak en Nouvelle Calédonie*, Odile Jacob, 2021.
Michel Rocard, *Faire la paix. Ce que nous enseignent les accords de Matignon*, Double Ponctuation, 2021.
Alain Rollat, *Tjibaou le Kanak*, La manufacture, 1989.

JEAN MOULIN

Jean-Pierre Azéma, *Jean Moulin, Le rebelle, le politique, le résistant*, Perrin, 2003.
Daniel Cordier, *Jean Moulin. La République des catacombes*, Gallimard, 1999.
Jean Moulin, *Premier combat*, Préface du Général de Gaulle, Éditions de Minuit, 1947.

ZELENSKY ET LE COURAGE

Serviteur du peuple, *Satire politique*, série télévisée 2015-2019, Arte.

Table

Réalisation : Nord Compo à Villeneuve-d'Ascq
Impression : CPI Firmin-Didot en mars 2023
N° d'impression : 174142
Dépôt légal : mars 2023
ISBN : 979-10-210-5162-1
Numéro d'édition : 4789
Imprimé en France